Gianni Rodari

Grammatik der Phantasie

Gianni Rodari

Grammatik der Phantasie

Die Kunst, Geschichten zu erfinden

Aus dem Italienischen übersetzt
und mit einer Nachbemerkung
von Anna Mudry

RECLAM

Titel der italienischen Originalausgabe:
Grammatica della fantasia. Introduzione all'arte di inventare storie.

MIX
Papier aus verantwortungsvollen Quellen
FSC® C014496

RECLAM TASCHENBUCH Nr. 20360
1992, 2008, 2022 Philipp Reclam jun. Verlag GmbH,
Siemensstraße 32, 71254 Ditzingen

Umschlaggestaltung: Philipp Reclam jun. Verlag GmbH
Umschlagabbildung: © istockphoto / Joshua Blake
Druck und Bindung: GGP Media GmbH,
Karl-Marx-Straße 24, 07381 Pößneck
Printed in Germany 2022
RECLAM ist eine eingetragene Marke
der Philipp Reclam jun. GmbH & Co., Stuttgart
ISBN 978-3-15-020360-6
www.reclam.de

Vorgeschichte

Im Winter 1937/38 bekam ich auf Empfehlung einer Lehrerin, der Frau eines Polizisten, eine Stelle im Hause deutscher Juden, die glaubten, in Italien Zuflucht vor den rassischen Verfolgungen gefunden zu haben – sie glaubten es nur wenige Monate –, ich sollte ihren Kindern Italienisch beibringen. Ich lebte mit ihnen auf einem Bauernhof in den Hügeln beim Lago Maggiore. Mit den Kindern arbeitete ich von sieben bis zehn Uhr morgens. Den Rest des Tages verbrachte ich damit, im Wald spazieren zu gehen und Dostojewski zu lesen. Es war eine schöne Zeit, solange sie dauerte. Ich lernte ein bisschen Deutsch und stürzte mich auf die in dieser Sprache geschriebenen Bücher mit der Leidenschaft, dem Ungestüm und der Wollust, die für den Lernenden hundertmal ergiebiger sind als hundert Jahre Schule.

Eines Tages fand ich unter den *Fragmenten* von Novalis (1772–1801) eines, das lautet: »Hätten wir auch eine Phantastik wie eine Logik, so wäre die Erfindungskunst erfunden.« Das war sehr schön. Fast alle *Fragmente* von Novalis sind es, fast alle enthalten ungewöhnliche Erleuchtungen.

Einige Monate später, nachdem ich die französischen Surrealisten kennengelernt hatte, glaubte ich, in ihrer Arbeitsweise jene »Phantastik« gefunden zu haben, nach welcher Novalis suchte. Zwar hatte schon der Vater und Prophet des Surrealismus im ersten Manifest der Bewegung geschrieben: »Die zukünftigen surrealistischen Techniken interessieren mich nicht.« Seine Freunde unter den Schriftstellern und Malern aber hatten allerhand solcher Techniken erfunden. Ich selbst unterrichtete damals in Volksschulen, nachdem meine jüdischen Arbeitgeber auf der Suche nach einer neuen Heimat fortgezogen waren. Ich muss ein miserabler Lehrer gewesen sein, ohne die nötige Ausbildung, den Kopf mit allem Möglichen vollgestopft, von indoeuropäischer Sprachwissenschaft bis Marxismus (der Cavaliere Romussi, Direktor der Öffentlichen Bibliothek in Varese, händigte mir stets, ohne mit der Wimper zu zucken, jedes beliebige Buch aus, das ich vorschriftsmäßig bestellt hatte, obwohl das Bild des Duce über seinem Schreibtisch nicht zu übersehen war), ja, ich hatte alles Mögliche im Kopf, nur nicht die Schule. Möglicherweise war ich jedoch kein langweiliger Lehrer. Ich erzählte den Kindern Geschichten, teils aus Sympathie, teils aus Lust am Spiel, Geschichten, die nicht das Geringste mit der Wirklichkeit und dem gesunden Menschenverstand zu tun hatten und die ich mir mit Hilfe der von Breton in Umlauf gebrachten und gleichzeitig geschmähten »Techniken« ausdachte.

Damals auch versah ich eine bescheidene Kladde mit dem hochtrabenden Titel *Aufzeichnungen über die Phantastik*; hier zeichnete ich nicht die von mir erzählten Geschichten auf, sondern die Art ihrer Entstehung, die Kunstgriffe, die ich entdeckte oder zu entdecken glaubte, um Wörter und Bilder in Bewegung zu setzen.

All das blieb dann lange vergessen und begraben, bis ich um das Jahr 1948, fast durch Zufall, für Kinder zu schreiben begann. Da fiel mir auch wieder die »Phantastik« ein, die sich bei dieser neuen, unvorhergesehenen Tätigkeit und zu deren Nutzen weiterentwickelte. Lediglich meine Faulheit, ein gewisses Widerstreben gegen alles Systematische und der Mangel an Zeit hinderten mich daran, in der Öffentlichkeit davon zu reden, bis ich 1962 in der römischen Tageszeitung *Paese sera* einen *Leitfaden zum Erfinden von Geschichten* in zwei Fortsetzungen (am 9. und 19. Februar) veröffentlichte. In diesen Artikeln wahrte ich respektvoll Distanz zum Gegenstand, indem ich vorgab, von einem jungen japanischen Wissenschaftler, den ich während der Olympischen Spiele in Rom kennengelernt hätte, die englische Übersetzung eines 1912 im Stuttgarter Novalis-Verlag erschienenen Werkleins erhalten zu haben, das ein gewisser Otto Schlegel-Kamnitzer unter dem Titel: *Grundlegung zur Phantastik – Die Kunst, Märchen zu schreiben* verfasst haben sollte. Im Rahmen dieser nicht gerade sehr originellen Fiktion legte ich, halb im Ernst, halb im Spaß, einige einfache Techniken der Erfindung dar: die gleichen, die ich dann jahrelang in all den Schulen verbreitete, in denen ich Geschichten erzählte und auf Fragen der Kinder antwortete. Es gibt immer, unweigerlich, ein Kind, das fragt: »Wie stellt man es denn an, Geschichten zu erfinden?« und es verdient eine aufrichtige Antwort.

Später habe ich das Thema im *Giornale dei Genitori* (Zeitung für Eltern) wieder aufgegriffen, um die Leser anzuregen, selbst »Gute-Nacht-Geschichten« zu erzählen (*Was geschieht, wenn der Großvater ein Kater wird?*, Dezember 1969; *Ein Teller voll Geschichten*, Januar–Februar 1971; *Geschichten zum Lachen*, April 1971).

Es wirkt abschreckend, so viele Daten aneinanderzureihen. Wen können sie schon interessieren? Trotzdem gefällt es mir, sie nacheinander auszubreiten, als wären sie wichtig. Der Leser möge berücksichtigen, dass ich jenes

Spiel spiele, das die transaktionistische Psychologie mit dem Satz kennzeichnet: »Schau mal, Mama, wie gut ich ohne Hände gehen kann!« Es ist immer so schön, mit etwas prahlen zu können …

Vom 6. bis 10. März 1972 hatte ich in Reggio Emilia auf Einladung der Stadtverwaltung eine Reihe von Treffen mit etwa fünfzig Lehrern von Vor-, Grund- und Mittelschulen, dabei legte ich all mein berufliches Handwerkszeug sozusagen zusammenfassend und amtlich auf den Tisch.

Drei Dinge sollten mich an jene Woche als eine der schönsten meines Lebens erinnern. Das erste war das Plakat, das die Stadtverwaltung aus diesem Anlass hatte aushängen lassen und das wortwörtlich *Begegnungen mit der Phantastik* ankündigte, so konnte ich auf den verblüfften Mauern der Stadt dieses Wort lesen, das mich seit vierunddreißig Jahren begleitete. Das zweite war der Hinweis auf dem Plakat, dass die »Anmeldungen« auf »fünfzig Teilnehmer« beschränkt wären; eine größere Zahl hätte offensichtlich die Gesprächsrunden in Konferenzen verwandelt, was für niemand von Nutzen gewesen wäre. Doch schien der Hinweis die Befürchtung auszudrücken, dass, dem Ruf der »Phantastik« folgend, unübersehbare Massen den Tagungssaal, eine ehemalige Übungshalle der Feuerwehr mit lila gestrichenen Eisensäulen, stürmen könnten. Das rührte mich. Der dritte, ausschlaggebende Grund für mein Glücksgefühl lag darin, dass mir die Möglichkeit geboten wurde, mich ausführlich und systematisch, unter beständiger Kontrolle durch Diskussion und Erprobung, nicht nur über die Funktion der Phantasie und der sie stimulierenden Techniken zu äußern, sondern auch darüber, wie die Techniken jedermann vermittelt werden könnten, sie etwa als ein Instrument für die sprachliche Erziehung der Kinder (aber nicht nur dazu …) zu nutzen.

Am Ende dieses »Kurzlehrgangs« lag mir dank der Tonbandaufnahmen und der Geduld einer Stenotypistin der Text von fünf Gesprächsrunden vor.

Das vorliegende Büchlein ist lediglich eine Überarbeitung der Gespräche von Reggio Emilia. Es will weder ein Versuch sein – was ich hiermit klarstellen möchte –, eine »Phantastik« nach allen Regeln zu begründen, welche wie die Geometrie an Schulen gelehrt und gelernt werden könnte, noch eine vollständige Theorie der Imagination und der Erfindung, für die es wohl eines anderen Kerls und eines weniger unwissenden Kopfes bedürfte als des meinen. Auch ist dies noch nicht einmal ein »Essay«. Ich weiß überhaupt nicht recht, was es ist. Es wird darin von einigen Möglichkeiten gesprochen, sich Geschichten für Kinder auszudenken und den Kindern zu helfen, sich ganz allein ihre eigenen Geschichten zu erfinden: wer aber weiß, wie viele andere Möglichkeiten sich noch finden und darstellen ließen. Abgehandelt wird lediglich die Erfindung mittels Worten, mit dem sachten, keineswegs gründlich erörterten Hinweis, dass die Techniken mit Leichtigkeit auf eine andere Ausdrucksform übertragbar sind, wenn eine Geschichte von einem einzelnen Erzähler oder einer Gruppe wiedergegeben wird, aber sie kann auch Theater oder Textvorlage für ein Puppenspiel sein, sie kann als Comic, als Film entwickelt, auf Band aufgenommen und an Freunde geschickt werden; diese Techniken könnten in alle möglichen Kinderspiele eingehen, aber darüber wird hier wenig gesagt.

Ich hoffe, dass das Büchlein auch solchen Leuten nützlich sein kann, die daran glauben, dass die Imagination ihren Platz bei der Erziehung haben muss, und solchen, die auf die Kreativität des Kindes vertrauen, und auch jenen, die wissen, welch befreiende Wirkung das Wort haben kann. »Alle Gebrauchsmöglichkeiten des Wortes allen zugänglich zu machen« – das erscheint mir als ein gutes Motto mit gutem demokratischem Klang. Nicht, damit alle Künstler werden, sondern damit niemand Sklave sei.

Der Stein im Teich

Ein Stein, der in einen Teich geworfen wird, erzeugt konzentrische Wellen, die sich auf der Oberfläche ausbreiten und, je nach Entfernung, die Seerose und das Röhricht, das Papierschiffchen und die Pose des Anglers unterschiedlich stark in Bewegung versetzen. Dinge, die, jedes für sich, friedlich vor sich hin träumten, werden gleichsam zum Leben erweckt und gezwungen, aufeinander zu reagieren, zueinander in Beziehung zu treten. Andere, nicht sichtbare Bewegungen pflanzen sich in der Tiefe nach allen Richtungen fort, während der Stein im Fallen Algen streift, Fische verschreckt und immer neue Molekularbewegungen erzeugt. Ist er dann auf dem Grund angekommen, wühlt er den Schlamm auf, stößt an Dinge, die dort vergessen ruhten, von denen einige jetzt freigelegt, andere wiederum vom Sand begraben werden. In ganz kurzer Zeit folgen zahllose Ereignisse oder winzige Vorfälle aufeinander. Selbst mit viel Muße und Lust könnte man sie wohl nicht alle lückenlos verzeichnen.

Nicht anders erzeugt ein zufällig ins Bewusstsein geworfenes Wort Wellen an der Oberfläche und in der Tiefe, löst eine endlose Kettenreaktion aus und zieht fallend Töne und Bilder, Analogien und Erinnerungen, Bedeutungen und Träume in eine Bewegung hinein, welche die Erfahrung und das Gedächtnis, die Phantasie und das Unbewusste berührt und sich noch dadurch kompliziert, dass eben das Bewusstsein sich während des gesamten Vorgangs nicht passiv verhält, sondern beständig in ihn eingreift, um aufzunehmen und zurückzuweisen, zu verknüpfen und zu zensieren, aufzubauen und zu zerstören.

Ich nehme zum Beispiel das Wort »Stein«. Wenn es in das Bewusstsein eintaucht, dann zieht es Wörter nach sich, stößt mit Wörtern zusammen oder weicht ihnen aus, kurz, es tritt auf verschiedene Weise in Beziehung:

> mit allen Wörtern, die mit *s* beginnen, ohne ein *t* nach sich zu ziehen, wie Saat, Seele, Systole;
> desgleichen mit all den Wörtern, die mit *st* beginnen, wie Staffel, Stoffel, Stumpf, Strumpf, Stange, Stelzfuß, Straußenfeder;
> mit all den Wörtern, die sich auf *-ein* reimen, wie klein, Gestein, Gesangsverein, Wein, Pein, Schwein;
> mit all den Wörtern, die im Wörterbuchdepot aufgrund ihrer Bedeutung in seiner Nähe stehen: Fels, Marmor, Ziegel, Granit, Basalt, Travertin, Peperin.

Das sind die bequemsten Assoziationen. Ein Wort stößt aus Trägheit an ein anderes. Das reicht wohl kaum aus, um einen Funken überspringen zu lassen (aber man kann nie wissen).

Inzwischen fällt das Wort in andere Richtungen, sinkt in eine vergangene Welt und lässt versunkenes Dasein emporsteigen. »Stein« ist für mich ganz persönlich die Heilige Katharina zum Stein, eine Wallfahrtskirche steil über dem Lago Maggiore. Ich fuhr mit dem Rad dorthin. Wir waren zu zweit, Amedeo und ich. Wir setzten uns in einen kühlen Säulengang, um Weißwein zu trinken und über Kant zu sprechen. Wir trafen uns auch im Zug, beide waren wir

Pendelschüler. Amedeo trug einen langen blauen Mantel. An manchen Tagen erriet man unter seinem Mantel die Umrisse eines Geigenkastens. Der Griff meines Kastens war entzwei, ich musste ihn unter dem Arm tragen. Amedeo kam zu den Gebirgstruppen und fand in Russland den Tod.

Ein anderes Mal begegnete mir Amedeos Gestalt beim »Schürfen« nach dem Wort »Ziegel«, das mich an gewisse niedrige Backöfen in lombardischen Dörfern erinnerte, an lange Spaziergänge im Nebel oder in den Wäldern, oft verbrachten Amedeo und ich ganze Nachmittage in den Wäldern, um über Kant, Dostojewski, Montale, Alfonso Gatto zu sprechen. Die Freundschaften mit sechzehn hinterlassen die tiefsten Spuren im Leben. Aber nicht darum geht es hier. Es geht darum, wahrzunehmen, wie ein beliebiges, zufällig gewähltes Wort als magisches Wort funktionieren kann, um Felder der Erinnerung freizulegen, die unter dem Staub der Zeit ruhten.

Nicht anders wirkte der Geschmack der »Madeleine« in Prousts Gedächtnis. Und nach ihm haben die »Schriftsteller der Erinnerung« gelernt, allzugut sogar, dem begrabenen Echo der Wörter, der Gerüche, der Töne zu lauschen. Aber wir wollen Geschichten für Kinder erfinden und keine Erzählungen schreiben, um unser verlorenes Leben wiederzuerlangen und zu bewahren. Von Zeit zu Zeit ist es vergnüglich und nützlich, das Gedächtnisspiel zu spielen, und das wohl auch mit Kindern. Ein beliebiges Wort kann ihnen helfen, sich an ein »Damals als ...« zu erinnern, sich selbst in der verrinnenden Zeit zu entdecken, den Abstand zwischen dem Heute und dem Gestern zu messen, auch wenn ihre »Gestern« glücklicherweise noch gering an Zahl und Ereignissen sind.

Das »phantastische Thema« entsteht bei dieser Art des

Suchens, das von einem einzigen Wort ausgeht, dann, wenn ungewöhnliche Paarungen zustande kommen, wenn in den komplexen Bewegungen der Bilder und ihrer launischen Überlagerungen eine unvorhergesehene Verwandtschaft zwischen Wörtern, die verschiedenen Ketten angehören, aufleuchtet. Ziegel zieht nach sich: Spiegel, Flügel, Hügel, Riegel, Zügel, Bügel, Igel …

Ziegel und *Flügel* erscheinen mir als ein interessantes Paar, wenn auch nicht »so schön wie die zufällige Begegnung eines Regenschirms und einer Nähmaschine auf einem Operationstisch« (Lautréamont, *Les chants de Maldoror*). In dem wirren Zusammenspiel der bislang heraufbeschworenen Worte fügt sich Ziegel zu Flügel wie Stein zu Gesangsverein. Amedeos Geige bringt wahrscheinlich ein gefühlsmäßiges Element ein und fördert das Entstehen eines musikalischen Bildes.

> Damit haben wir das Haus voller Musik. Es besteht aus musikalischen Ziegeln, aus musikalischen Steinen. Seine Wände, von kleinen Hämmern angeschlagen, bringen alle möglichen Töne hervor. Ich weiß, dass sich über der Couch ein cis befindet, das hellste fis unter dem Fenster, der Fußboden ist ganz in B-Dur, einer erregenden Tonart. Da gibt es eine verblüffend atonale, serielle, elektronische Tür: man braucht sie nur mit den Fingern zu berühren, und schon entlockt man ihr ein Stück in der Art von Nono-Berio-Maderna. Stockhausen gerät darüber in Ekstase (er passt in dieses Bild mit größerem Recht als jeder andere, da in seinem Nachnamen ein »Haus« eingeschlossen ist).
>
> Es handelt sich jedoch nicht nur um ein Haus. Es ist ein ganzes musikalisches Land mit einem Klavier-Haus, einem Zither-Haus, einem Fagott-Haus. Es ist ein Or-

chester-Haus. Abends veranstalten die Bewohner, auf ihren Häusern spielend, miteinander ein schönes Konzert, bevor sie zu Bett gehen ... Nachts, wenn alle schlafen, spielt ein Häftling auf den Gitterstäben seiner Zelle ... Und so weiter. Jetzt hat die Geschichte ihren Anfang genommen.

Ich glaube, der Häftling ist wegen des Reims Zither auf Gitter in die Geschichte geraten, bewusst hatte ich den Reim nicht wahrgenommen, aber offensichtlich lauerte er im Hintergrund. Die Gitterstäbe ergaben sich von selbst, könnte man sagen. Aber ich glaube es nicht. Ich muss auf sie gestoßen sein über eine mich flüchtig streifende Erinnerung an den Titel eines alten Films: *Gefängnis ohne Gitterstäbe*.

Die Imagination kann jetzt einem anderen Weg folgen:

Die Gitter aller Gefängnisse in der Welt fallen. Alle werden frei. Auch die Diebe? Ja, auch die Diebe. Das Gefängnis bringt die Diebe hervor. Schluss mit den Gefängnissen, Schluss mit den Dieben ...

An dieser Stelle kann ich darauf hinweisen, wie sich dem scheinbar mechanischen Prozess meine Weltanschauung aufprägt, wie ein Druckstock, allerdings ein sich in Veränderung befindlicher Druckstock. Ich vernehme das Echo lange zurückliegender und neuer Lektüre. Die Welt der Benachteiligten verlangt unüberhörbar, sich ihrer zu erinnern: Waisenhäuser, Besserungsanstalten, Altersheime, Irrenanstalten, Schulräume. Die Wirklichkeit bricht in die surrealistischen Exerzitien ein. Wenn schließlich das Musikland vielleicht doch noch zu einer Geschichte gerät, wird es sich um keine Evasion bietende Phantasterei handeln, sondern um eine Möglichkeit, die Realität in neuen Formen wiederzuentdecken und darzustellen.

Aber die Erforschung des Wortes »Stein« ist noch nicht abgeschlossen. Ich muss es noch als Organismus mit einer bestimmten Bedeutung und einem bestimmten Klang negieren und in seine Buchstaben zerlegen, die Wörter entdecken, die ich nacheinander beiseitelegte, um bei seiner Aussprache anzufangen:

Ich schreibe die Buchstaben untereinander:

S –
T –
E –
I –
N –

Jetzt kann ich neben jeden Buchstaben das erstbeste Wort schreiben, das mir in den Sinn kommt und dabei eine neue Serie erhalten (zum Beispiel: Sardine – Tomate – Esel – Imker – Nelke). Oder ich kann – was vergnüglicher ist – neben die fünf Buchstaben fünf Wörter schreiben, die einen logischen Satz ergeben, wie z. B.:

S – Sieben
T – Taranteln
E – Erobern
I – Ihr
N – Nest.

Ich weiß in diesem Augenblick nichts mit sieben Taranteln im Nest anzufangen, außer daraus einen gereimten Nonsens zu machen:

Sieben Taranteln im Nest
feiern ein fröhliches Erntefest.

Doch sollte man bei dem ersten Versuch nicht schon ein Ergebnis von Belang erwarten. Ich bemühe mich um eine neue Serie nach der gleichen Methode:

S – Siebenhundert
T – Tausendfüßler
E – Erheben
I – Ihre
N – Nebelhörner

»Siebenhundert« ist eine automatische Verlängerung des vorhergehenden »sieben«. Die Tausendfüßler sind offensichtlich als Verstärkung der Taranteln entstanden. Aber es ist nicht zu verkennen, dass ihr Treiben durch die Nähe der kurz zuvor genannten Musikinstrumente begünstigt worden ist. Ein Zug von siebenhundert Tausendfüßlern, die auf Nebelhörnern blasen, ist schon ein brauchbares Bild.

Ich selbst habe viele Geschichten erfunden, indem ich von einem zufällig gewählten Wort ausging. Einmal kam ich beispielsweise von dem Wort Weißkohl auf die folgende Assoziationskette: Weißkohl – Kolumbus (ich bitte um Nachsicht für diese nicht ganz unbeabsichtigte Eigenwilligkeit, einen berühmten Namen in ein Gebiet eingeführt zu haben, das auch Märchen berührt) – Ei des Kolumbus – Eiweiß – oval – Orbit – Ei im Orbit. Da machte ich halt und schrieb eine Geschichte mit dem Titel *Eine Welt in der Eierschale,* die zwischen Science-Fiction und Nonsens angesiedelt ist.

Jetzt können wir das Wort Stein seinem Schicksal überlassen. Doch sollten wir uns nicht einbilden, all seine

Möglichkeiten ausgeschöpft zu haben. Paul Valery sagte einmal: »Es gibt kein einziges Wort, das man versteht, wenn man ihm auf den Grund geht.« Und Wittgenstein: »Worte sind wie die dünne Oberfläche über einem tiefen Wasser.« Deshalb findet man die Geschichten beim Tauchen.

Im Zusammenhang mit dem Wort Ziegel erinnere ich mich an einen amerikanischen Kreativitätstest, über den Marta Fattori in ihrem schönen Buch *Kreativität und Erziehung** berichtet. Bei diesem Test werden die Kinder aufgefordert, alle möglichen Verwendungsmöglichkeiten von Ziegeln aufzuzählen, die sie kennen oder die sie sich vorstellen können. Vielleicht hat sich mir deshalb das Wort Ziegel so hartnäckig aufgedrängt, weil ich vor Kurzem auf diesen Test in dem genannten Buch gestoßen war. Leider haben derartige Tests nicht das Ziel, die kindliche Kreativität anzuregen, sondern sie lediglich zu messen, um »die Phantasiebegabten« herauszufiltern, so wie in anderen Tests die »Mathematikbegabtesten« herausgesucht werden. Sie mögen ihren Sinn haben. Im Grunde verfolgen sie jedoch Ziele, die über die Köpfe der Kinder hinweggehen.

Das Spiel vom »Stein im Teich« indessen, das ich hier kurz dargelegt habe, bewegt sich in entgegengesetzter Richtung: Es soll den Kindern dienen, statt sich ihrer zu bedienen.

* Sämtliche Buchtitel erscheinen in übersetzter Form, auch wenn keine deutschen Ausgaben vorliegen. Im Anhang ist ein Verzeichnis der von Rodari erwähnten Originaltitel und Ausgaben zu finden.

Das Wort »Tschüs«

In den Vorschulen der Stadt Reggio Emilia ist vor Jahren das »Spiel des Geschichtenerzählers« entstanden. Die Kinder steigen der Reihe nach auf einen Schemel wie auf eine Art Podest und erzählen ihren Spielgefährten, die auf der Erde kauern, eine selbsterfundene Geschichte. Die Erzieherin schreibt sie auf, und das jeweilige Kind achtet genau darauf, dass sie dabei nichts vergisst oder ändert. Dann illustriert das Kind seine Geschichte mit einer eigenen großen Zeichnung. Weiter unten werde ich eine dieser spontanen Geschichten analysieren. Hier soll das »Spiel des Geschichtenerzählers« lediglich Einleitung zu dem Folgenden sein.

Nachdem ich darüber gesprochen hatte, wie man eine Geschichte erfindet, indem man auf einem vorgegebenen Wort aufbaut, fragte Giulia Notari, Erzieherin in der Vorschule »Diana«, ob eines der Kinder Lust hätte, auf diese neuartige Weise eine Geschichte zu erfinden, und sie schlug das Wort »ciao«, Tschüs, vor. Ein fünfjähriger Junge hat die folgende Geschichte erzählt:

> Ein Kind hatte alle guten Wörter verloren und nur die schlechten behalten wie: Scheiße, Kacke, Scheißkerl usw.
> Da ist seine Mutter mit ihm zum Doktor gegangen, der hatte einen so langen Schnurrbart, und sagte: Mach den Mund auf, zeig die Zunge, guck nach oben, guck nach innen, blas die Backen auf.
> Der Doktor sagt, dass sich das Kind überall umsehen und ein gutes Wort suchen soll. Als Erstes findet es ein solches Wort (das Kind zeigt eine Länge von ungefähr zwanzig Zentimetern), und das war »puh«, ein schlech-

tes Wort. Dann findet es ein so langes (ungefähr fünfzig Zentimeter), das war »hau ab«, ein schlechtes Wort. Dann findet es ein rosa Wörtlein, »ciao«, das steckt es in die Tasche und trägt es nach Hause und lernt, vernünftig zu sprechen und wird brav.

Während der Erzählung haben sich die Zuhörer zweimal eingemischt, um die sich aus der Geschichte ergebenden Stichworte aufzugreifen und fortzuführen. Das erste Mal haben sie zum Thema der »schlechten« Wörter fröhlich eine Litanei sogenannter »Ausdrücke« improvisiert und alle, die sie kannten und die durch den ersten »Ausdruck« angeregt wurden, heruntergeleiert. Sie taten dies offensichtlich provokativ, im befreienden Spiel mit der Komik des Fäkalischen, welches jedem vertraut ist, der mit Kindern zu tun hat. Technisch gesehen vollzieht sich das Assoziationsspiel auf der Grundlage dessen, was die Linguisten als »Selektionsachse« (Jakobson) bezeichnen, gewissermaßen eine Suche benachbarter Wörter entlang einer Kette von Bedeutungen. Diese Wörter bedeuten jedoch kein Abweichen oder Aufgeben des vorgegebenen Themas, im Gegenteil: sie klärten und verdeutlichten vielmehr den Ablauf der Geschichte. In der Arbeit des Dichters, sagt Jakobson, projiziert sich die »Selektionsachse« auf die der »Kombinationsachse«; ein Klang (Reim) kann eine Bedeutung evozieren, eine verbale Analogie kann eine Metapher hervorbringen. Wenn das Kind eine Geschichte erfindet, vollzieht sich das Gleiche. Es handelt sich um einen kreativen Vorgang, der auch einen ästhetischen Aspekt hat: hier interessiert er uns im Zusammenhang mit der Kreativität, nicht mit der Kunst.

Ein zweites Mal haben die Zuhörer den Erzähler unterbrochen, um das »Doktorspiel« zu entwickeln und Varianten für das übliche »Zeig mal die Zunge« zu finden. Das Vergnügen hatte hier eine doppelte Bedeutung: eine psychologische, indem es durch Lächerlichmachen die stets ein wenig gefürchtete Gestalt des Arztes entdramatisierte; dazu kam der Wetteifer, die überraschendste und originellste Variante zu finden (guck nach innen). Ein derartiges Spiel ist bereits Theater, es ist die unterste Stufe der Dramatisierung.

Doch wenden wir uns der Struktur der Geschichte zu. In Wirklichkeit beruht sie keineswegs ausschließlich auf dem Wort »ciao«, das heißt, auf seiner Bedeutung und seinem Klang. Das Kind, das mit der Geschichte begann, nahm den ganzen Ausdruck »Das Wort ciao« zum Thema. Deshalb überwog in seiner Phantasie nicht die Suche nach sinnverwandten oder ähnlichen Wörtern – obwohl das zu einem anderen Zeitpunkt geschah – und nach Situationen, in denen das Wort auf diese oder jene Weise gebraucht wird: sogar sein einfachster Gebrauch als Gruß scheint im Wesentlichen ausgeklammert zu bleiben. Stattdessen hat der Ausdruck »Das Wort ciao« auf der »Selektionsachse« unmittelbaren Anlass zur Herstellung zweier Wortklassen gegeben: die der »guten« und der »schlechten« Wörter, und anschließend, vermittels der Handbewegung, zur Bildung zweier weiterer Klassen, der »kurzen« und der »langen Wörter«.

Diese Handbewegung war nicht improvisiert, sondern übernommen. Sicher hat das Kind im Fernsehen den Werbespot für eine bestimmte Sorte Bonbons gesehen, wo zwei Hände erscheinen, die ineinanderklatschen und sich dann voneinander entfernen, während zwischen beiden eine Textzeile erscheint: der Name des angepriesenen Bonbons. Das Kind hat diese Handbewegung aus dem Gedächtnis heraufgeholt und sich ihrer auf originelle und persönliche Weise bedient. Es hat die Aussage der Werbung beiseitegeschoben und die ihr ungewollt innewohnende, nicht programmierte Aussage aufgegriffen: die Geste, die die Länge der Wörter misst. Man kann sich nie sicher sein, was ein Kind beim Fernsehen lernt. Und man sollte nie seine Fähigkeit unterschätzen, kreativ auf das Geschehene zu reagieren.

In der Geschichte setzt an der richtigen Stelle die vom kulturellen Modell ausgeübte Zensur ein. Das Kind bezeichnet die Wörter als »schlecht«, die zu Hause als ungebührlich gelten. Es sind die Eltern, die sie durch das Kind als »schlecht« bezeichnen. Aber das Kind befindet sich gerade in einem erzieherischen Milieu, das bestimmte Einflüsse zu überwinden vermag, in einer nicht repressiven Schule, in der man nicht getadelt oder ausgeschimpft wird, wenn man sich dieser Worte bedient. So gesehen, besteht das erstaunlichste Ergebnis der Geschichte darin, dass die zu Beginn eingeführten Wortklassen zum Schluss vergessen sind.

Die »schlechten« Wörter, auf die das Kind bei seiner Suche stößt – »puh«, »hau ab!« – sind nicht »schlecht« innerhalb eines repressiven Modells: es sind vielmehr die Wörter, die vor den Kopf stoßen, die andere kränken, die nicht dazu beitragen, sich Freunde zu schaffen, zusammen zu sein und zusammen zu spielen. Sie stellen nicht mehr das Gegenteil der abstrakt als »gut« geltenden Wörter dar, sondern das der »richtigen und freundlichen«. Damit ist eine neue Klasse von Wörtern entstanden, in denen die neuen Werte zutage treten, die das Kind in dieser Schule aufnimmt. Zu diesem Ergebnis ist das Bewusstsein gelangt, indem es auf seine eigenen Bilder reagierte, sie beurteilte, ihre Assoziation unter Beteiligung der ganzen kleinen Persönlichkeit tatkräftig steuerte. Und es ist klar, warum

»ciao« ein »rosa Wörtlein« sein muss; rosa ist eine freundliche, zarte, nicht aggressive Farbe. Die Farbe ist ein Ausdruck des Wertes. Dennoch ist es schade, dass das Kind nicht gefragt worden ist: »Warum rosa?« Seine Antwort hätte uns etwas gesagt, was wir nicht wussten und was jetzt zu rekonstruieren äußerst schwierig ist.

Das phantastische Binom

Wir haben das phantastische Thema – den Ansatzpunkt für eine Geschichte – aus einem einzigen Wort entstehen sehen. Aber es handelte sich wohl um eine optische Täuschung. In Wirklichkeit reicht ein elektrischer Pol nicht aus, um einen Funken zu entfachen, dazu bedarf es zweier Pole. Das einzelne Wort »handelt« – (»Buffalo. Und der Name handelte …«, sagte Montale) – nur, wenn es auf ein anderes stößt, das es provoziert und zwingt, das Gleis der Gewohnheit zu verlassen, neue Bedeutungsinhalte zu erschließen. Wo kein Kampf ist, ist kein Leben.

Das rührt daher, dass die Vorstellungskraft nicht irgendeine vom Bewusstsein losgelöste Fähigkeit ist: sie ist das Bewusstsein selbst in seiner Ganzheit, welches, der einen Tätigkeit mehr als einer anderen verhaftet, sich immer gleicher Abläufe bedient. Und das Bewusstsein entsteht im Kampf, nicht in der Bewegungslosigkeit. Henry Wallon hat in seinem Buch *Die Entstehung des Denkens beim Kind* geschrieben, dass sich die Gedanken paarweise herausbilden. Die Idee von »weich« entsteht nicht vor oder nach der Idee von »hart«, sondern gleichzeitig in einem Neues erzeugenden Zusammenprall: »Das grundlegende Element des Denkens ist diese binäre Struktur, nicht die einzelnen Elemente, aus denen sie sich zusammensetzt. Die Zweiheit, das Paar, gehen dem einzelnen Element voraus.«

Am Anfang war also der Gegensatz. Und dieser Ansicht ist auch Paul Klee, wenn er in seinen *Schriften über Form und Gestaltungslehre* schreibt, dass »der Begriff ... unmöglich ist ohne sein Gegenteil«. Es existieren keine Begriffe allein für sich, sondern es sind in der Regel »begriffliche Binome«.

Eine Geschichte kann einzig aus einem »phantastischen Binom« entstehen.

»Pferd-Hund« ist kein wirklich »phantastisches Binom«. Es ist eine einfache Assoziation innerhalb derselben zoologischen Klasse. Beim Aufrufen der beiden Vierfüßer bleibt die Vorstellungskraft unbeteiligt. Es ist ein Terzakkord in Dur, der nichts sonderlich Aufregendes verspricht.

Es bedarf einer gewissen Distanz zwischen zwei Wörtern, das eine muss dem anderen ausreichend fremd und ihre Kopplung muss ziemlich ungewöhnlich sein, damit die Vorstellungskraft gezwungen wird, sich in Bewegung zu setzen, um zwischen ihnen eine Verwandtschaft und eine (phantastische) Gesamtheit zu konstruieren, in der die beiden fremden Elemente zusammenleben können. Deshalb ist es gut, das phantastische Binom mit Hilfe des Zufalls zu suchen. Die beiden Wörter sollten z. B. von zwei Kindern unabhängig voneinander diktiert werden, sie sollten blindlings mit dem Finger auf zwei weit auseinanderliegenden Seiten des Wörterbuches angetippt werden.

Als ich Lehrer war, habe ich ein Kind an die Tafel geschickt, damit es auf die Vorderseite ein Wort schreiben sollte, während ein anderes Kind auf die Rückseite ein anderes Wort schrieb. Dieses kleine vorbereitende Ritual hatte seine Bedeutung. Es erzeugte Erwartung. Wenn ein

Kind vor aller Augen das Wort »Hund« hinschrieb, so war dieses Wort bereits ein besonderes Wort, ausersehen, zu einer Überraschung beizutragen und sich in ein nicht voraussehbares Ereignis einzufügen. Dieser »Hund« war kein x-beliebiger Vierfüßer, er war bereits eine abenteuerliche, benutzbare, phantasievolle Gestalt. Wenn man die Tafel umdrehte, las man, sagen wir, das Wort »Schrank«. Es wurde von einer Lachsalve begrüßt. Die Wörter »Schnabeltier« oder »Tetraeder« hätten keinen größeren Erfolg erreichen können. Nun bringt ja ein Schrank an sich weder zum Lachen noch zum Weinen. Er ist ein lebloser Gegenstand, eine Banalität. Aber dieser Schrank, der mit dem Hund ein Paar bildet, stellte etwas völlig anderes dar. Er war eine Entdeckung, eine Erfindung, ein erregender Ansporn.

Jahre später habe ich gelesen, was Max Ernst schrieb, um seine Auffassung von der »Systematischen Ortsverschiebung« darzulegen. Er bediente sich eben des Bildes von jenem Schrank, den De Chirico in eine antike Landschaft zwischen Olivenbäume und griechische Tempel gestellt hatte. Derart verfremdet, wird der jäh in einen neuen Zusammenhang gestürzte Schrank zu einem geheimnisvollen Objekt. Vielleicht war er voller Kleider, vielleicht auch nicht; aber ohne Zweifel steckte er voller Zauber.

Viktor Schklowski beschreibt, welchen Effekt der »Verfremdung« (auf russisch *ostranenije*) Tolstoi erzielt, indem er von einem einfachen Diwan in Worten spricht, mit denen eine Person reden würde, die nie zuvor einen Diwan sah und auch nicht die geringste Vorstellung von seiner möglichen Verwendung hat.

Im »phantastischen Binom« werden die Wörter nicht in ihrer alltäglichen Bedeutung genommen, sondern von den verbalen Ketten befreit, denen sie täglich unterworfen sind. Sie werden »entfremdet«, »verlagert«, unter einem nie zuvor gesehenen Himmel gegeneinandergeworfen. Das sind dann für sie optimale Bedingungen, um eine Geschichte entstehen zu lassen.

Nehmen wir an diesem Punkt noch einmal die Worte »Hund« und »Schrank«. Das einfachste Verfahren, eine Beziehung zwischen ihnen herzustellen, ist das, sie durch Präpositionen zu verbinden. So erhalten wir unterschiedliche Gebilde:

- der Hund mit dem Schrank
- der Schrank des Hundes
- der Hund auf dem Schrank
- der Hund im Schrank usw.

Jedes dieser Gebilde bietet uns das Schema einer phantastischen Situation.

1. Ein Hund läuft mit einem Schrank auf dem Rücken die Straße entlang. Es ist sein Körbchen, was soll man da machen. Er trägt es immer mit sich herum wie die Schnecke ihr Haus. Fortsetzung nach Belieben.
2. *Der Schrank des Hundes* scheint mir eher eine Idee für Innenarchitekten, Designer, Einrichter von Luxuswohnungen zu sein. Der Schrank ist dazu da, um das Hundemäntelchen aufzunehmen, seine verschiedenen Maulkörbe und Leinen, seine Überschuhe für frostige Tage, seinen Rückenwärmer mit Troddeln, die Gummiknochen, die Katzenattrappen, den Stadtplan (um die Milch, die Zeitungen und die Zigaretten für sein Herrchen zu holen). Möglicherweise enthält der Schrank sogar eine Geschichte, ich jedenfalls weiß nichts davon.

3. *Der Hund im Schrank* ist ganz offensichtlich viel einladender. Herr Dr. Polyphem kommt nach Hause, öffnet den Schrank, um seine Hausjacke herauszunehmen, und findet einen Hund darin. Augenblicklich werden wir dazu aufgefordert, uns eine Erklärung dieser Erscheinung einfallen zu lassen. Doch die Erklärung kann warten. Erst einmal ist es viel interessanter, der Situation auf den Grund zu gehen. Der Hund ist von undefinierbarer Rasse. Vielleicht ist es ein Hund zum Aufspüren von Trüffeln, vielleicht von Alpenveilchen oder von Rhododendron. Er ist zutraulich, wedelt mit dem Schwanz, gibt artig Pfötchen, aber von einem Herauskommen aus dem Schrank will er nichts wissen, sosehr Dr. Polyphem ihn auch anfleht. Dann will Dr. Polyphem sich duschen und findet im Bad einen zweiten Hund, im Kosmetik-Schränkchen. Noch einer findet sich im Regal für die Kochtöpfe in der Küche, einer in der Geschirrspülmaschine, einer, halb erfroren, im Kühlschrank. Ein Pudel ist im Besenschrank, ein Pekinese in der Schreibtischschublade. Dr. Polyphem könnte bei diesem Stand der Dinge den Hausmeister rufen und sich helfen lassen, die Eindringlinge zu vertreiben, aber das verbietet ihm sein hundefreundliches Herz. Er rennt vielmehr zum Fleischer, zehn Kilo Filet für seine Gäste zu kaufen, um sie zu füttern. Von da an kauft er jeden Tag zehn Kilo Fleisch. Und damit macht er sich verdächtig. Der Fleischer wird misstrauisch. Gerüchte kommen auf. Üble Nachrede. Verleumdungen machen die Runde. Verbirgt dieser Dr. Polyphem nicht gar Atomspione im Haus? Macht er nicht womöglich teuflische Experimente mit all den Stücken Fleisch und Filetscheiben? Der arme Doktor verliert seine Klienten. Die Polizei erhält Hinweise. Der Polizeipräsident ord-

net eine Hausdurchsuchung bei ihm an. Und so entdeckt man, dass Dr. Polyphem aus Liebe zu den Hunden unschuldig gelitten hat. Und so weiter.

In diesem Stadium ist die Geschichte lediglich »Rohmaterial«. Sie zum Endprodukt zu fertigen, auszuarbeiten, wäre eine schriftstellerische Aufgabe. Hier ging es lediglich darum, den Gebrauch eines »phantastischen Binoms« zu veranschaulichen. Der Nonsens kann als solcher bleiben. Es handelt sich um eine Technik, die Kinder hervorragend anzuwenden verstehen, mit dem größten Vergnügen, wie ich selbst in vielen Schulen Italiens feststellen konnte. Die Übung hat, wohlgemerkt, eine reale Bedeutung, auf die wir weiter unten noch zu sprechen kommen. Jedoch sollte man nicht übersehen, wie viel Fröhlichkeit sie erzeugt. In unseren Schulen wird, um es so allgemein zu sagen, zu wenig gelacht. Die Auffassung, dass die Erziehung des Verstandes eine trübselige Sache sein müsse, lässt sich am allerschwersten bekämpfen. Darüber wusste Giacomo Leopardi einiges, als er in den Miszellen seines *Zibaldone* unter dem 1. August 1823 notierte:

> Das schönste und glücklichste Alter des Menschen, die Kindheit, wird auf tausenderlei Art von Tausenden Bedrängnissen, Ängsten, Beschwernissen der Erziehung und des Lernens so sehr niedergedrückt, dass der erwachsene Mensch auch inmitten des Unglücks es nicht hinnehmen würde, wieder Kind zu werden, wenn es gälte, dasselbe zu erleiden, was er in seiner Kindheit erlitten hat.

»Licht« und »Schuhe«

Die folgende Geschichte hat ein Junge von fünfeinhalb Jahren unter Beteiligung dreier Freunde aus der Vorschule »Diana« in Reggio Emilia erfunden. Das »phantastische Binom«, aus dem sie entstanden ist – »Licht« und »Schuhe« –, ist von der Erzieherin (am Tag, nachdem wir in unserem Kursus über diese Technik gesprochen hatten) vorgeschlagen worden. Doch hier ist sie ohne große Vorrede:

> Es war einmal ein Junge, der zog immer die Schuhe seines Vaters an. Eines Abends hat der Vater es satt, dass der Junge sich immer seine Schuhe holt, und da hängt er ihn an das Licht, und dann, um Mitternacht, fällt er runter, und da sagt der Vater: »Was ist da, ein Einbrecher?«
>
> Er geht und sieht nach, und da liegt der Junge auf der Erde. Der Junge liegt da und leuchtet. Da hat der Vater versucht, an seinem Kopf zu drehen, aber er ging nicht aus, er hat versucht, ihn am Ohrläppchen zu ziehen, aber er ging nicht aus, er hat versucht, ihm die Nase einzudrücken, aber er ging nicht aus, er hat versucht, ihm auf den Bauchnabel zu drücken, aber er ging nicht aus, er hat versucht, ihm die Schuhe wegzunehmen, und da hat er es geschafft – er ist ausgegangen.

Der abschließende Einfall – der nicht von dem Haupterzähler stammte, sondern von einem anderen Dreikäsehoch – gefiel den anderen Kindern dermaßen, dass sie das Bedürfnis hatten, Beifall zu klatschen: In der Tat schloss dieses Bild den Kreis perfekt und logisch und gab der Geschichte etwas Abgerundetes; aber vielleicht war es weit mehr.

Ich glaube, Professor Freud persönlich, selbst sein Geist, hätte äußerste Rührung empfunden, wenn er eine so leicht aus dem »Ödipus-Komplex« zu interpretierende Geschichte gehört hätte: schon der Anfang mit jenem Jungen, der sich die Schuhe des Vaters anzieht, um alles in allem in der Familie die Schuhe anzuhaben, um seinen Platz neben der Mutter einzunehmen. Ein ungleicher Kampf, durchsetzt von Bildern des Todes. »Anhängen« bedeutet auch »aufhängen«, »erhängen«. Und war das Kind »auf der Erde« oder »in der Erde«? Darüber dürften keine Zweifel bestehen, wenn man das »er ist ausgegangen« (d. h.: erloschen) richtig liest, das dem Drama einen tragischen Abschluss gibt. »Erlöschen« (*spegnersi*) und »sterben« (*morire*) sind im Italienischen Synonyme: »Er ist im Kusse des Herrn erloschen«, heißt es in den Traueranzeigen an Hauswänden. Den Sieg trägt der Stärkere und Ältere davon. Er siegt um Mitternacht, zur Geisterstunde ... Und vor dem Tode die Folter: »am Kopf drehen«, »an den Ohren ziehen«, »die Nase eindrücken« ...

Ich lasse von dieser nichtautorisierten psychoanalytischen Übung ab. Mögen die Fachleute das Ihre sagen: »*Videant consules*« ...*

Wenn das Unbewusste sich des »phantastischen Binoms« bemächtigt hat, um seine Dramen zu inszenieren, so scheint mir der genaue Punkt seines Eingreifens das prompte Echo zu sein, das durch das Wort »Schuhe« in der kindlichen Erfahrung ausgelöst wurde. Alle Kinder ziehen im Spiel die Schuhe des Vaters und der Mutter an. Um »sie« zu sein. Um größer zu sein, aber auch, um ganz einfach »jemand anders« zu sein. Das Verkleidungsspiel ist,

* *Videant consules ne republica detrimenti capeat* – (lat.) Die Konsuln mögen sehen, dass der Staat keinen Schaden nehme. Im allgemeinen Sinne ein Ruf zur Vorsicht, eine Warnung vor Gefahr.

abgesehen von seiner symbolischen Bedeutung, immer vergnüglich wegen der daraus entstehenden grotesken Wirkungen. Es ist Theater: sich in die Kleider der anderen zu hüllen, eine Rolle zu übernehmen, ein Leben zu erfinden, neue Gesten zu entdecken. Schade, dass es in der Regel den Kindern nur zum Karneval gestattet wird, sich zu maskieren, die Jacke des Vaters, einen Unterrock der Großmutter anzuziehen. Man sollte immer eine Kramkiste mit abgelegten Sachen im Hause für das Verkleidungsspiel verfügbar haben. In den Vorschulen von Reggio Emilia gibt es nicht nur eine solche Kramkiste, sondern eine ganze Garderobe. In Rom, auf dem Markt in der Via Sannio, werden alle Arten von Anzügen und Abendkleidern, die aus der Mode gekommen sind, verkauft: dorthin gingen wir, als unsere Tochter klein war, um die oben erwähnte Kleiderkiste aufzufüllen. Ihren Freundinnen gefiel es bei uns gerade wegen dieser Kiste.

Warum bleibt der Junge »angezündet«? Der plausibelste Grund wäre in der Analogie zu suchen: »angehängt« an den Kronleuchter wie eine Glühbirne, beträgt sich der Junge wie eine Glühbirne. Aber diese Erklärung würde ausreichen, wenn der Junge sich in dem Augenblick »angezündet« hätte, in dem der Vater ihn »anhängte«. In der Erzählung jedoch ist an diesem präzisen Punkt keine Rede vom Anzünden. Wir sehen den Jungen erst »angezündet«, nachdem er zu Boden gefallen ist. Ich glaube, dass die Vorstellung eine gewisse Zeit (wenige Augenblicke) brauchte, um diese Analogie zu entdecken; dies ist geschehen, weil die Analogie sich nicht unmittelbar über das »Visuelle« enthüllte – der Erzähler »sieht« das Kind »angehängt«, er sieht es »angezündet« – sondern über die Achse der »verbalen Selektion« offenbar wurde. Im Bewusstsein des Jungen erfolgte – während die Geschichte weiterging – eine

Arbeit »im Abseits«, die auf den Echos des Wortes »angehängt« beruhte. Da haben wir die Kette: »angehängt«, »aufgehängt«, »angezündet«. Die verbale Analogie und der angedeutete Reim (im Italienischen) haben auch die Analogie des visuellen Bildes sichtbar gemacht. Es erfolgte, alles in allem, jene Arbeit der »Verdichtung der Bilder«, die Professor Freud – immer noch er, der hochverehrte Wiener – so gut beschrieb, als er die schöpferischen Prozesse des Traumes untersuchte. Unter diesem Gesichtspunkt erscheint uns die Geschichte wie ein »Traum mit offenen Augen«. Sie hat genau diese Atmosphäre, die Neigung zum Absurden, die Ballung der Themen.

Man verlässt diese Atmosphäre mit den Versuchen des Vaters, das »Lampenkind« zu »löschen«. Die Variationen über das Thema ergeben sich aus der Analogie, bewegen sich jedoch auf verschiedenen Ebenen: es werden sowohl die Erfahrung der notwendigen Handgriffe ins Spiel gebracht, um eine Lampe auszuschalten (die Glühbirne ausschrauben, auf einen Schalter drücken, eine elektrische Schnur herausziehen usw.), als auch die Erfahrung des eigenen Körpers (auf diesem Wege gelangt man vom Kopf über die Ohren bis zur Nase und dem Bauchnabel usw.). Das Spiel ist an diesem Punkt ein kollektives; der Haupterzähler ist lediglich der Auslöser einer Explosion gewesen, in die alle hineingezogen wurden – mit einer Wirkung, die die Kybernetiker als »Verstärkungseffekt« bezeichnen.

Während die Kinder nach Varianten suchen, sehen sie einander an, suchen am Körper des Nachbarn das Stichwort für einen neuen Einfall: die Gegenwart greift in die Geschichte ein, ihre Gestalten regen zu neuen Sinngebungen an, in einem Prozess, der in gewisser Weise dem Vermögen des Reims ähnlich ist, dem Dichter bei der Arbeit Bedeutungen gewissermaßen außerhalb der lyrischen Situation zu diktieren. Die aufgezählten Gesten sind ebenfalls gereimt, auch wenn nicht dem Klang nach. Es sind »Paarreime«, d. h. die einfachsten, so wie es sich für Kinderreime gehört.

Die Variation am Schluss – »er nimmt ihm die Schuhe weg, und da geht er aus« – stellt einen noch entschiedeneren Bruch mit dem Traum dar. Sie ist eine logische Folgerung. Es waren die Schuhe des Vaters, die den Jungen »angezündet« gelassen hatten, denn alles hatte damit angefangen, mit jenen Schuhen: es genügt, ihm die Schuhe auszuziehen, und das Licht verschwindet, die Geschichte kann ihr Ende finden. Ein im Keim logischer Gedanke steuerte das magische Instrument – die Schuhe des Vaters – entgegengesetzt zu seiner anfänglichen Richtung.

In dem Augenblick, in dem die Kinder diese Entdeckung machen, führen sie das mathematische Element der »Umkehrbarkeit« als Metapher und noch nicht als Begriff in das freie Spiel der Vorstellung ein. Zum Begriff gelangen sie viel später: indessen hat das märchenhafte Bild jedoch vielleicht die Grundlagen für die Herausbildung des Begriffs gelegt.

Eine letzte Bemerkung (die letzte nur rein zufällig, versteht sich) betrifft die Einbeziehung von »Wertvorstellungen« in die Geschichte. Wenn man sie unter diesem Gesichtspunkt liest, ist es eine Geschichte des bestraften Ungehorsams im Rahmen eines allzu traditionellen kulturellen Modells. Der Vater ist derjenige, dem man gehorcht und der das Recht hat zu züchtigen. Die Zensur hat eingegriffen, um die Geschichte innerhalb der Grenzen der familiären Moral zu belassen.

Nach ihrem Eingreifen kann man sagen, dass gleichsam »Himmel und Erde« an der Geschichte »mitgewirkt« haben: das Unbewusste mit seinen Konflikten, die Erfahrung, das Gedächtnis, die Ideologie, das Won in allen seinen Funktionen. Eine rein psychologische oder psychoanalytische Lesart hätte nicht ausgereicht, die Ergebnisse auszuleuchten, wie ich es in aller Kürze versucht habe.

Was wäre, wenn ...

»Hypothesen sind Netze«, heißt es bei Novalis: »nur der wird fangen, der auswirft.«

Hier nun sofort ein berühmtes Beispiel: *Was wäre, wenn ein Mann sich beim Aufwachen in ein widerwärtiges Ungeziefer verwandelt* fände? Die Antwort auf diese Frage findet sich in der Erzählung *Die Verwandlung* von Franz Kafka. Womit ich nicht behaupten will, dass die Erzählung aus eben dieser Frage entstanden wäre, aber in ihrer Grundstruktur stellt sie offensichtlich die Entwicklung einer durch und durch phantastischen Hypothese bis zu deren tragischer Konsequenz dar. Innerhalb dieser Hypothese wird alles logisch und menschlich, sie lädt sich mit verschieden auslegbaren Bedeutungen auf, das Symbol führt ein eigenständiges Leben und ist auf viele Realitäten anwendbar.

Die Technik der »phantastischen Hypothese« ist äußerst einfach. Ihre Grundstruktur läuft auf die Frage hinaus: *Was wäre, wenn ...*

Um diese Frage zu formulieren, kann man ein beliebiges Subjekt und ein Prädikat wählen. Aus ihrer Vereinigung ergibt sich die Hypothese, an der gearbeitet werden soll.

Das Subjekt möge »Reggio Emilia« und das Prädikat »fliegen« sein: *Was wäre, wenn die Stadt Reggio Emilia auf einmal fliegen würde?*

Das Subjekt möge »Mailand« und das Prädikat »vom Meer umgeben« sein: *Was wäre, wenn sich Mailand plötzlich vom Meer umgeben fände?*

Das sind zwei Situationen, innerhalb derer sich die erzählerischen Ereignisse spontan bis ins Unendliche vervielfachen. Um erst einmal Material zu sammeln, können wir uns die Reaktionen unterschiedlicher Personen auf die ungewöhnliche Neuigkeit vorstellen, die dadurch ausgelösten Zwischenfälle jeglicher Art und die aufflammenden Diskussionen. Eine vielstimmige Geschichte in der Art des späten Palazzeschi. Wir können uns einen Helden aussuchen, zum Beispiel ein Kind, und die abenteuerliche Handlung wie ein Karussell der Überraschungen sich um dieses Kind drehen lassen.

Mir ist aufgefallen, dass Kinder vom Lande bei einem solchen Thema dem Dorfbäcker als Erstem die Entdeckung der Neuigkeit zuschreiben: denn er steht von allen als Erster auf, noch vor dem Küster, der zur Messe läuten muss. In der Stadt fällt einem Nachtwächter die Entdeckung zu, und je nachdem, ob die Kinder einen stärkeren Hang zum Staatsbürgerlichen oder zum Familiären haben, benachrichtigt er den Bürgermeister oder seine eigene Frau.

Stadtkinder sind gleichsam gezwungen, unbekannte Leute handeln zu lassen. Besser sind die Kinder vom Lande dran, die sich nicht irgendeinen »Bäcker« an sich vorstellen müssen, sondern sofort an den Bäcker Giuseppe denken – für mich ein obligatorischer Name: mein Vater war Bäcker und hieß Giuseppe – das hilft ihnen augenblicklich, die ihnen bekannten Personen in die Geschichte einzuführen, Verwandte, Freunde. Das Spiel macht sofort viel mehr Spaß.

In den bereits genannten Artikeln aus *Paese sera* stellte ich folgende Fragen:

Was wäre, wenn Sizilien die Knöpfe verlieren würde?
Was wäre, wenn ein Krokodil an eure Tür klopfen und um ein bisschen Rosmarin bitten würde?
Was wäre, wenn euer Fahrstuhl in den Mittelpunkt der Erde stürzen oder zum Mond rasen würde?

Nur aus diesem dritten Thema habe ich später eine echte Geschichte mit einem jungen Kellner in einer Bar als Helden gemacht.

Auch Kinder haben das größte Vergnügen daran, die komischsten und überraschendsten Fragen zu stellen: eben weil die nachfolgende Arbeit, die Entwicklung des Themas, nichts weiter als die Anwendung und das Abspulen einer bereits erfolgten Entdeckung ist, vorausgesetzt, dass das Thema – wenn es die persönliche Erfahrung des Kindes, seine weitere und engere Umwelt einbezieht – sich für ein direktes Eingreifen, für eine ungewöhnliche Annäherung an eine für das Kind ohnehin mit Bedeutung geladene Realität eignet.

Vor Kurzem haben wir, ich und die Kinder, in einer Mittelschule gemeinsam die folgende Frage formuliert: *Was wäre, wenn ein Krokodil bei ›Alles oder nichts‹ als Kandidat auftreten würde?*

Sie hat sich als äußerst produktiv erwiesen. Das war wie die Entdeckung einer neuen Einstellung zum Fernsehen und zur Bewertung der eigenen Erfahrung mit dem Fernsehen. Dabei sind nur tolle Sachen zutage gekommen, angefangen mit dem Gespräch zwischen dem Krokodil, das bei dem Quiz als Spezialist für Ichthyologie präsentiert werden will, und den verblüfften Fernsehredakteuren. Bei dem eigentlichen Quiz erwies sich das Krokodil als unschlagbar. Bei jeder Verdopplung der Summe fraß es einen Konkurrenten, ohne dass es ihm eingefallen wäre, Tränen zu vergießen. Zum Schluss fraß es auch den Quizmaster Mike Bongiorno, wurde aber seinerseits von dessen Assistentin Sabina verspeist, die die Kinder leidenschaftlich bewunderten und um jeden Preis als Siegerin sehen wollten.

Ich habe die Geschichte später umgeschrieben, um sie mit erheblichen Veränderungen in mein Buch *Geschichten aus der Schreibmaschine* aufzunehmen. In meiner Geschichte ist das Krokodil Experte für Katzendreck: ein fäkalischer Stoff, wenn man so will, aber sehr wirkungsvoll, um der Geschichte eine entmythisierende Wirkung zu verleihen. Am Ende isst Sabina das Krokodil nicht auf, sondern zwingt es, seine Opfer in umgekehrter Reihenfolge, wie sie verschlungen wurden, auszuspucken.

Mir scheint, dass es sich hier nicht mehr um Nonsens handelt, sondern ganz offensichtlich um den Gebrauch der Phantasie mit dem Ziel, eine aktive Beziehung zur Realität herzustellen.

Man kann die Welt aus der Höhe des Menschen, aber auch von oben, von einer Wolke aus betrachten (die Flugzeuge haben es uns leicht gemacht). Die Wirklichkeit kann man durch den Haupteingang betreten, aber man kann auch durch ein Fensterchen in sie hineinschlüpfen, was viel vergnüglicher ist.

Lenins Großvater

Dieses kleine Kapitel ist lediglich die Fortsetzung des vorigen. Indes gefiel mir die Idee, den Großvater Lenins in den Titel zu bringen, gar zu sehr, als dass ich auf die willkürliche Zäsur verzichtet hätte.

Das Landhaus von Lenins Großvater liegt nicht weit von Kasan – der Hauptstadt der Tatarischen Autonomen Republik –, fast auf der Spitze eines kleinen Hügels, zu dessen Füßen ein Bächlein der Kolchose fließt und seine Enten zum Spaziergang mit sich führt. Ein schöner Platz, an dem ich einen guten Tropfen Wein mit meinen tatarischen Freunden getrunken habe.

Eine Seite des Wohnzimmers geht mit drei großen Fenstern auf den Garten hinaus. Die Kinder, unter ihnen Wolodja Uljanow, der künftige Lenin, kamen und gingen durch die Fenster statt durch die Tür. Der weise Professor Blank (Vater von Lenins Mutter), der sich wohl hütete, diesen unschuldigen Spaß zu verbieten, ließ unter den Fenstern stabile Bänke aufstellen, damit sich die Kinder bei ihrem Hin und Her ihrer bedienen konnten, ohne Gefahr zu laufen, sich das Genick zu brechen. Mir scheint es eine vorbildliche Weise, sich in den Dienst der kindlichen Phantasie zu stellen.

Mit den Geschwistern und den phantastischen Verfahren, die sie hervorbringen sollen, helfen wir den Kindern, die Realität durch das Fenster statt durch die Tür zu betreten. Das ist vergnüglicher: also nützlicher.

Nichts verbietet im Übrigen, den Zusammenprall mit der Realität durch anspruchsvollere Hypothesen zu provozieren.

Beispiel: *Was wäre, wenn in der ganzen Welt, von Pol zu Pol, von einem Augenblick zum anderen das Geld verschwinden würde?*

Das ist nicht nur ein Thema für die Phantasie von Kindern: gerade deshalb glaube ich, dass es ein besonders geeignetes Thema für Kinder ist, die Gefallen daran finden, sich mit Problemen zu messen, die größer sind als sie. Es ist ihre einzige Möglichkeit, größer zu werden. Und es besteht kein Zweifel, dass sie vor allem und mehr als alles andere größer werden wollen.

Das Recht, größer zu werden, gestehen wir ihnen in Wirklichkeit nur mit Worten zu. Jedes Mal, wenn sie es wörtlich nehmen, spielen wir unsere ganze Autorität aus, um sie daran zu hindern.

Ich muss jetzt nur noch darauf aufmerksam machen, dass die »phantastische Hypothese« letzten Endes nichts anderes ist als ein Sonderfall des »phantastischen Binoms«, entstehend aus der willkürlichen Vereinigung eines bestimmten Subjekts mit einem bestimmten Prädikat. Es verändern sich die Komponenten des »Binoms«, aber nicht ihre Funktion. In dem allgemeingültigen Fall, der in den vorigen Kapiteln beschrieben worden ist, haben wir »Binome« untersucht, die aus zwei Substantiven bestanden. In der »phantastischen Hypothese« hingegen vereinigen sich ein Substantiv und ein Verb, ein Subjekt und ein Prädikat oder auch ein Subjekt und ein Attribut.

Beispiele:

Substantiv und Verb: die Stadt, fliegt;
Subjekt und Prädikat: Mailand, ist vom Meer umgeben;
Subjekt und Attribut: das Krokodil, Experte für Katzendreck.

Ich zweifle nicht daran, dass es andere Formen von »phantastischen Hypothesen« geben kann. Für den Zweck von diesem Buch sind's der Beispiele genug. (Der mit ein wenig phonetischer Freiheit erzielte Reim hat provokatorische Funktion. Ich hoffe, man hat es gemerkt.)

Das willkürliche Präfix

Eine Art und Weise, die Wörter im phantastischen Sinne produktiv zu machen, besteht darin, sie zu deformieren. Das machen die Kinder aus Spaß: ein Spaß, der einen höchst ernsthaften Inhalt hat, weil er ihnen hilft, die Möglichkeiten der Wörter zu erkunden, sich ihrer zu bemächtigen und sie zu völlig neuen Abwandlungen zu veranlassen; er stimuliert ihre Freiheit als »Sprecher« und ihren Anspruch auf ihre persönliche *Parole* (danke, Herr Saussure); er spornt den Antikonformismus in ihnen an.

Im Geiste dieses Spiels erfolgt die Verwendung eines willkürlichen Präfixes. Ich habe des Öfteren selbst darauf zurückgegriffen.

Es genügt die Vorsilbe *Ent-*, um einen Bleistiftanspitzer – einen alltäglichen und unauffälligen Gegenstand, überdies gefährlich und aggressiv – in einen *Bleistiftentspitzer* zu verwandeln, einen phantastischen und friedfertigen Gegenstand, mit dem man die Bleistifte nicht anspitzt, sondern durch den die Spitzen selbst nachwachsen, wenn sie stumpf geworden sind. Was die Papierwarenhändler und die Verfechter des Konsumismus in Harnisch bringt. Sexuell gefärbte Anspielungen schwingen mit, tief verborgen, aber dennoch nicht unbemerkt von den Kindern (unterhalb ihrer Bewusstseinsschwelle).

Die Vorsilbe *An-* ergibt den »Ankleiderständer«, das Gegenteil also von Kleiderständer; man hängt seine Kleider nicht an ihm auf, sondern nimmt sie nach Belieben von ihm ab, um sich anzukleiden – dies in einem Land, in dem die Schaufenster ohne Glas, die Geschäfte ohne Kassen und die Garderoben ohne Garderobenmarken sind. Von der Vorsilbe zur Utopie. Aber sicher ist es nicht verboten, sich eine Stadt der Zukunft vorzustellen, in der die Mäntel kostenlos wie das Wasser und die Luft sind. Und die Utopie hat keinen geringeren erzieherischen Wert als der kritische Geist. Es genügt, sie aus der Welt des Verstandes (der Gramsci zu Recht den methodischen Pessimismus zuordnet) in die des Willens zu verlegen (deren wesentliches Merkmal nach Gramsci der Optimismus sein sollte). Alles in allem ist also auch der Kleiderständer als solcher nur ein »Papiertiger«.

Außerdem habe ich das Land mit *Anti-* erfunden, wo es eine »Antikanone« gibt, mit der Kriege nicht geführt, sondern verhindert werden. Der »Sinn des Nonsens« (der Ausdruck stammt von Alfonso Gatto) ist in diesem Falle wohl völlig einleuchtend.

Das alte Präfix *Zwie-* schenkt uns die »Zwiefeder«, die zweifach schreibt (und vielleicht für Zwillingsschüler geeignet ist …), eine »Zwiepfeife« für auf doppelten Genuss versessene Raucher, die »Zwillingserde«.

> Es gibt eine zweite Erde. Wir leben gleichzeitig auf dieser und auf jener. Dort geht aufrecht, was hier auf dem Kopf steht. Und umgekehrt. Jeder von uns hat dort seinen Doppelgänger. (Die Science-Fiction hat dergleichen Hypothesen reichlich benutzt: auch deshalb erscheint es mir legitim, sie Kindern anzubieten.)

In eine alte Geschichte habe ich bereits die »Urhunde«, die »Urknochen« eingeführt und auch das »Trinokel« (ein Produkt des Präfixes *Tri-*, wie auch der »Trifant«, ein in der Zoologie leider unbekanntes Tier).

In einem Archiv besitze ich einen »Antischirm«, aber es ist mir noch nicht gelungen, mir einen praktischen Gebrauch dafür auszumalen …

Für die Demontage eignet sich wunderbar das Präfix *Zer-*, mit dem man leicht die »Zerrechenaufgabe« erhält, d. h. eine Aufgabe, die man zu Hause nicht lösen, sondern in Fetzen reißen muss.

Um zur Zoologie zurückzukehren und sie aus der Klammer zu befreien, aus der sie hervorlugte, nehmen wir es mit dem »Vizehund« und der »Unterkatze« auf: diese Tiere schenke ich demjenigen, der sie braucht, um seine Geschichten zu bevölkern.

Weil ich gerade dabei bin, schenke ich Italo Calvino, dem Autor von *Der geteilte Visconte*, ein »Halbgespenst«, halb Mensch aus Fleisch und Blut, halb Gespenst in Ketten, in Bettlaken gehüllt, das sich wunderbar zum Erfinden von komischen Gruselgeschichten eignen müsste.

»Superman« existiert bereits in den Comics, und ein auffälliges Beispiel dafür, wie sich das Prinzip des »phantastischen Präfixes« anwenden lässt (auch wenn er eine Anleihe beim Übermenschen Nietzsches, des Ärmsten, bildet). Wenn ihr aber einen »Supertorschützen« oder ein »Superstreichholz« braucht (das vermutlich imstande ist, die ganze Milchstraße in Flammen aufgehen zu lassen) braucht ihr sie euch nur selbst zu basteln.

Besonders produktiv erscheinen mir die neueren Präfixe, die im 20. Jahrhundert entstanden. Wie *Mikro-*, *Mini-*, *Maxi-*. Hier bitte – auch dieses gratis – ein »Mikronilpferd« (das zu Hause im Aquarium gehalten wird), ein »Miniwolkenkratzer«, der in einer »Minibox« steckt und nur von »Minimilliardären« bewohnt wird; eine »Maxidecke«, mit der man im Winter alle Leute, die sonst erfrieren würden, zudecken kann …

Es ist wohl überflüssig, darauf hinzuweisen, dass das »phantastische Präfix« nichts anderes ist als ein Sonderfall des »phantastischen Binoms« mit den Bestandteilen: zum einen das Präfix, das gewählt wird, um neue Bilder hervorzubringen, zum anderen das herkömmliche Wort, gewählt, um durch die Entstellung geadelt zu werden.

Wenn ich an dieser Stelle eine Übung empfehlen sollte, würde ich raten, nebeneinander zwei Reihen von beliebigen Präfixen und Substantiven aufzuschreiben und sie durch Auslosung miteinander zu koppeln. Ich habe es ausprobiert. Neunundneunzig nach diesem Ritus vollzogene Ehen scheitern beim Hochzeitsmahl: die hundertste aber erweist sich als glückliche und fruchtbare Paarung.

Der schöpferische Irrtum

Aus einem Schreibfehler kann eine Geschichte entstehen, das ist nichts Neues. Wenn ich einen Artikel tippe, passiert es mir, dass ich statt »das Land der Lappen« schreibe: »das Land der Lampen«, und damit habe ich ein neues, von Düften und Wäldern durchzogenes Land entdeckt: es wäre eine Sünde, es aus den Landkarten des Möglichen mit einem Radiergummi auszuradieren; besser, man erforscht es als Tourist der Phantasie.

Wenn ein Kind in sein Schulheft »Botensee« statt »Bodensee« schreibt, habe ich die Wahl, diesen Irrtum entweder mit einem Rot- oder Blaustift zu korrigieren oder der kühnen Inspiration zu folgen und die Geschichte und die Biographie dieses höchst wichtigen Gewässers zu schreiben, über das Boten jagen oder gar darin ertrunken sind. Wird sich der Mond in seiner geheimnisvollen Oberfläche spiegeln?

Ein wunderschönes Beispiel eines schöpferischen Irrtums findet sich laut Thompson (*Die Märchen in der volkstümlichen Tradition*) in *Aschenbrödel* von Charles Perrault: der Schuh, der im Original eigentlich aus *vair* (eine bestimmte Art Fell) sein sollte, ist nur durch einen glücklichen Unfall zu einem Schuh aus *verre* (Glas) geworden. Ein gläserner Schuh ist ohne Zweifel viel phantasievoller als irgendeiner aus Fell und auch viel verlockender, wenngleich er aus einem Wortspiel oder einem Abschreibfehler entstanden ist.

Der orthographische Fehler kann genau betrachtet Anlass zu vielerlei komischen und lehrreichen Geschichten sein, die auch ihre ideologische Kehrseite haben, wie ich selbst versucht habe, in meinem *Buch der Irrtümer* nachzuweisen. Italia mit einem *g* in der Mitte, »Itaglia«, ist nicht nur eine schülerhafte Nachlässigkeit. Es gibt tatsächlich Leute, die I-ta-glia, I-ta-glia schreien und skandieren, mit einem hässlichen zusätzlichen g, d. h. mit einer nationalistischen und ein wenig faschistischen Überschwänglichkeit. Italien braucht kein zusätzliches g, sondern ehrliche und aufrichtige Leute, und wenn überhaupt etwas Zusätzliches, dann intelligente Revolutionäre.

Alte Spiele

Die Suche nach dem phantastischen Thema kann durch Spiele erfolgen, die auch von den Dadaisten und Surrealisten praktiziert wurden, ohne Zweifel jedoch viel älter als diese Kunstströmungen sind. Mehr aus Bequemlichkeit denn aus einer ohnehin verspäteten Verneigung vor Breton können wir sie surrealistische Spiele nennen.

Eines dieser Spiele besteht darin, Schlagzeilen von Zeitungen auszuschneiden und sie zu mischen, um Nachrichten über absurde, sensationelle oder einfach vergnügliche Ereignisse zu erhalten.

Die Kuppel von Sankt Peter
nach einer Messerstecherei verwundet und
mit der Kasse in die Schweiz geflüchtet

Schwerer Unfall auf der Autobahn
zwischen zwei Tangos
zu Ehren von Allessandro Manzoni.

Mit Hilfe einer Zeitung und einer Schere kann man ganze Balladen produzieren, die vielleicht der Logik, aber nicht der Faszination entbehren.

Ich behaupte keineswegs, dass dies die nützlichste Art und Weise ist, Zeitung zu lesen und auch nicht, dass die Zeitungen im Unterricht verwendet werden sollten, um lediglich zerschnipselt zu werden. Papier ist etwas Ernstzunehmendes. Die Pressefreiheit ebenfalls. Aber das Spiel beeinträchtigt den Respekt vor dem Gedruckten nicht, auch wenn es dazu dienen kann, dessen Kult einzuschränken. Und letzten Endes ist auch das Erfinden von Geschichten eine ernst zu nehmende Angelegenheit.

Die wunderlichsten Ereignisse, die sich aus der geschilderten Tätigkeit ergeben, können dauerhaft komische Effekte oder Ansätze zu einer echten und eigenständigen Geschichte hervorbringen. Ich halte jede Art und Weise, den Zufall zu erkunden, für gut.

Technisch gesehen, treibt das Spiel den Prozess der »Verfremdung« der Wörter bis zu den äußersten Konsequenzen und erzeugt regelrechte Ketten »phantastischer Binome«. Oder sollten wir sie in diesem Falle als »phantastische Polynome« betrachten?

Auf der ganzen Welt verbreitet ist ebenfalls das auf Zetteln geschriebene Frage-und-Antwort-Spiel. Man geht von einer Reihe von Fragen aus, die bereits eine Folge von Ereignissen, das heißt etwas Erzähltes, einschließen. Zum Beispiel:

Wer war es?
Wo befand er sich?
Was tat er?
Was sagte er?
Was sagten die Leute?
Wie ist es ausgegangen?

Der Erste aus der Gruppe antwortet auf die erste Frage und faltet den Zettel, damit niemand seine Antwort lesen kann. Der Zweite antwortet auf die zweite Frage und knifft den Zettel ebenfalls. So geht es weiter bis zur letzten Frage. Die Antworten werden dann wie eine Geschichte vorgelesen. Dabei können völliger Nonsens oder der Kern einer komischen Geschichte herauskommen. Zum Beispiel:

Ein Toter
auf dem Schiefen Turm von Pisa
strickt Strümpfe
Er sagte: Wie viel ist drei mal drei?
Die Leute sangen den Freiheitschor
und es endete alles im Blumenflor.

(Dieser hübsche Reim entstand tatsächlich durch Zufall.) Die Antworten werden vorgelesen, man lacht, und damit hat es sich. Oder man analysiert die entstandene Situation, um darauf eine Geschichte aufzubauen.

Im Grunde ist es das Gleiche wie die Wahl eines Themas durch zufällige Wörter. Der wesentliche Unterschied besteht darin, dass bei diesem Spiel eine »zufällige Syntax« gewählt wird. An die Stelle eines »phantastischen Binoms« tritt eine »phantastische Fabel«. Jeder kann sich davon überzeugen, dass sich bei einer gewissen Übung und durch variierte und anspruchsvollere Fragen höchst anregende Resultate ergeben können.

Ein berühmtes surrealistisches Spiel entsteht, wenn mehrere Beteiligte eine Zeichnung anfertigen. Der Erste aus der Gruppe zeichnet eine Figur, deutet ein Bild an, setzt ein Zeichen, das eine Bedeutung haben, aber auch bedeutungslos sein kann. Der Zweite klammert diese Bedeutung von vornherein aus und benutzt das Zeichen des Ersten als Element einer anderen Figur mit völlig anderer Bedeutung. So verfährt auch der Dritte, nicht um die Zeichnung der beiden Vorgänger zu vervollständigen, sondern um ihre Richtung zu ändern, sie zu verkehren. Zum Schluss kommt meistens eine unverständliche Zeichnung heraus, in der sich keine Form durchsetzt, sondern in der die Formen ineinanderfließen, in eine Art ununterbrochener kombinatorischer Bewegung.

Ich habe erlebt, wie Kinder sich bei diesem Spiel ungemein vergnügten und sich dessen Regeln ganz schnell zu eigen machten. Das erste zeichnet zum Beispiel das Oval eines Auges. Das zweite, das dem Oval eine andere Deutung gibt, ergänzt es durch die Füße eines Huhns. Das dritte lässt statt des Kopfes eine Blume emporsprießen. Und so weiter. Das fertige Produkt ist weniger wichtig als das Spiel, der sich entfachende Wettstreit eines jeden gegen jeden, die Formen des anderen zu übertrumpfen und die eigenen durchzusetzen; Überraschungen und Entdeckungen auf Schritt und Tritt innerhalb eines Bewegungsablaufs, den Umberto Eco vielleicht als das »Hin und Her der Bedeutungen« bezeichnen würde.

Am Ende können die Gebilde trotzdem eine Geschichte enthalten. Ungewollt ist eine ungewöhnliche Gestalt aufgetaucht, ein Monstrum, eine phantastische Landschaft. An diesem Punkt können Worte das Spiel fortsetzen. Die Bewegung verläuft erneut vom Unsinn zum Sinn. Auch in diesem Spiel kommt der Antrieb für die Imagination wiederum aus der erahnbaren neuen Kopplung zweier Elemente, die der Zufall zusammenfügt; es können – um Anleihe beim Fachjargon der Linguisten zu nehmen – »ausdrucksbezogene Formen« oder »inhaltsbezogene Formen« in unterschiedlicher Gestalt sein, der binäre Rhythmus bleibt jedoch die Grundlage ihres wechselseitigen Verhältnisses. Das Reich der ›Didaktik erstreckt sich auch auf das Gefilde der Imagination.

Wie Limericks gemacht werden

Der Limerick ist ein eigenständiges, von Regeln bestimmtes – englisches – Genre des Nonsens. Bekannt sind die Limericks von Edward Lear.*

Moor
Ein williger Bürger aus Moor
diente sich eifrig empor.
Er stieg Stück um Stück,
brach sich dann das Genick,
weil er oben den Halt verlor.

* Für unsere Ausgabe werden drei Limericks von Helmut Preißler als Beispiele zitiert, aus: »Postleitzahlen-Limericks«, Verlag Neues Leben Berlin, 1985; die beiden anderen Limericks gehen auf Rodari zurück.

Mit wenigen zulässigen Abwandlungen liegt den Limericks stets die gleiche Struktur zugrunde, die die sowjetischen Semiotiker Tschiwian und Segal eingehend analysiert haben.

Die erste Zeile bezeichnet die handelnde Person (Ein williger Bürger aus Moor).

Die zweite Zeile deutet auf seine Eigenart (diente sich eifrig empor).

In der dritten und vierten Zeile werden Aussagen über sein Handeln gemacht (Er stieg Stück um Stück, brach sich dann das Genick).

Die fünfte Zeile ist einer Pointe vorbehalten, die möglichst ausgefallen sein sollte (weil er oben den Halt verlor).

Einige Varianten sind in Wirklichkeit Spielarten derselben Struktur. Beispielsweise kann die Eigenart der handelnden Person in der zweiten Zeile statt durch ein einfaches Attribut durch einen Gegenstand, den die Person besitzt, oder durch eine Handlung, die sie ausführt, bezeichnet werden. In der dritten und vierten Zeile können anstelle der Tätigkeit der Hauptperson Reaktionen anderer Personen treten.

Nehmen wir ein anderes Beispiel (Mutzschen):

1. Handelnde Personen
   Die klugen Eltern in Mutzschen
2. Eigenart
   dulden das Daumenlutschen.
3. und 4. Das Verhalten – es können auch Reaktionen anderer sein
   Sie sind sehr gescheit:
   Sie sehn auch beiseit,
5. Pointe
   Wenn größere Kinder sich knutschen.

Wenn wir uns an diese Struktur halten, d. h. wenn wir sie als wirkliche Anleitung zum ›Dichten‹ benutzen und die Kombination der Reime respektieren (die erste, die zweite und die fünfte Zeile reimen sich, die vierte reimt sich mit der dritten) können wir selbst einen Limerick in der Art Lears machen.

Erster Schritt: Wahl der Hauptperson
1. Ein Liliputaner aus Rom
Zweiter Schritt: Bezeichnung einer Eigenart, die sich in einer Handlung ausdrückt
2. kletterte auf den Petersdom.
Dritter Schritt: Aussage über die Handlung
3. Er stellte sich auf einen Berg
4. und blieb trotzdem ein Zwerg.
Vierter Schritt: die Pointe
5. Der arme kleine Mann aus Rom.

Ein anderes Beispiel:

Ein Sonderling aus Pleetz
trug unentwegt einen Fez.
Er sagte: zwar schwitzt man,
doch sein Gehirn schützt man,
fällt einem was auf den Dez.

Wir sind mit dem Versmaß sehr großzügig umgegangen und waren vor allem darauf bedacht, die Verbindung der Zeilen untereinander einzuhalten (nicht immer ist die letzte, wie man bemerkt haben wird, eine einfache Wiederholung der ersten). Jedoch glaube ich, dass jede Pedanterie fehl am Platz ist, wenn es darum geht, Nonsens zu fabrizieren. Die Struktur eines Limerick wird nur deshalb übernommen, weil sie eingängig ist, sich bewährt hat und unweigerlich zu einem Resultat führt, und nicht, um eine schulische Pflicht zu erfüllen.

Den Kindern gelingt es, sich in kurzer Zeit der hier beschriebenen Technik zu bemächtigen. Besonders vergnüglich ist es, mit ihnen zusammen die Pointe zu suchen, das heißt, ein ausgedachtes Wort oder ein erfundenes Adjektiv, mit einem Fuß in der Grammatik und mit dem anderen in der Parodie. Viele Limericks kommen auch ohne das aus. Den Kindern liegt aber viel daran. Hier ein Beispiel:

Ein Herr namens Dagobert
ging täglich ins Freiluftkonzert.
Dort ließ er sich bedienen
mit süßen Marzipan-Violinen.
Der Musikfan Herr Dagobert.

Die Pointe *Musikfan* ist nicht besonders. In der Tat machte mich ein Kind darauf aufmerksam, dass für jemand, der Musikinstrumente verzehrt, *Musikfeind* angebrachter wäre. Und es hatte recht.

Ein anderer Kritiker – kein Kind – sagte mir, dass meine selbstgestrickten Limericks kein echter Nonsens sind, auch wenn sie halbwegs absurde Geschichten enthalten. Auch er hatte recht. Doch ich bin ratlos. Das mag an den Unterschieden zwischen der englischen und der italienischen Sprache liegen. Oder es liegt an unserer Sprache und an meiner Kopflastigkeit.

Im Interesse der Kinder sollte man darauf bedacht sein, die Möglichkeiten des Absurden nicht einzugrenzen. Ich glaube nicht, dass damit ihre Erziehung zum wissenschaftlichen Denken beeinträchtigt wird. Auch in der Mathematik gibt es im Übrigen die »absurden« Beweise.

Konstruktion eines Rätsels

Ist die Konstruktion eines Rätsels eine Übung der Logik oder der Phantasie? Wahrscheinlich beides zugleich. Die Regel der Übung ergibt sich aus der Analyse eines sehr einfachen, volkstümlichen Rätsels, das folgendermaßen lautet oder jedenfalls früher, als Ziehbrunnen noch gebräuchlich waren, lautete:

> »Lachend steigt er runter, und weinend kommt er rauf.«
> (Der Eimer)

Der verschlüsselten Definition liegt ein Prozess der »Verfremdung« des Gegenstandes zugrunde, der aus seiner Bedeutung und aus seinem herkömmlichen Zusammenhang herausgelöst und einfach als ein Gegenstand beschrieben wird, der hinunter- und heraufsteigt.

In die Beschreibung dringen jedoch Assoziationen und Vergleiche ein, die nicht mehr die Totalität des Gegenstandes betreffen, sondern eines seiner Merkmale, das Klangliche. Der Eimer quietscht ... Das quietschende Geräusch klingt beim Hinablassen des Eimers anders als beim Heraufziehen ...

Der Schlüssel der neuen Definition liegt in der Metapher, die durch das Wort »weinen« entsteht. Wenn der Eimer wieder hochkommt, schwankt er, und Wasser schwappt über ... Der Eimer »weint« ... »Weinend kommt er rauf.« Und aus dieser Metapher entsteht als Gegensatz die erste: »Lachend steigt er runter«. Nun steht die doppelte Metapher bereit, um das Objekt darzustellen, es zu verbergen und vom banalen, alltäglichen Utensil zum geheimnisvollen Objekt zu erheben, das die Imagination herausfordert.

Die Analyse bietet uns also die Reihenfolge: Verfremdung – Assoziation – Metapher. Das sind die drei notwendigen Schritte, welche die Formulierung des Rätsels bedingen. Die Gültigkeit der Regel lässt sich an jedem beliebigen Gegenstand prüfen. Zum Beispiel an einem Federhalter (heute eher an einem Kugelschreiber als an einem Füllfederhalter).

Erster Schritt: Verfremdung. Wir müssen den Federhalter so definieren, als sähen wir ihn zum ersten Mal. Es ist ein Stäbchen, zumeist aus Plast, in Form eines Zylinders oder mehrflächigen Parallelepipedons und läuft in einer konischen Spitze aus, deren Eigenheit darin besteht, beim Reiben über eine helle Fläche ein sichtbares Zeichen zu hinterlassen. (Die Definition ist dürftig und ungenau. Wegen erschöpfender Definitionen wende man sich an die Romanciers der *école du regard*.)

Zweiter Schritt: Assoziation und Vergleich. Die »helle Fläche« der Definition bietet sich an, um andere Bedeutungen durch Bilder anzubahnen. Das weiße Blatt Papier kann zu einer beliebigen weißen Fläche werden, von einer Wand bis zu einem schneebedeckten Feld. Demgemäß kann, was auf einem weißen Blatt ein »schwarzes Zeichen« ist, auf einem »weißen Feld« zu einem »schwarzen Pfad«, einer »schwarzen Spur« werden.

Dritter Schritt: Die Schlussmetapher. Jetzt sind wir zu einer metaphorischen Definition des Federhalters gerüstet: »Es ist etwas, was eine schwarze Spur auf einem weißen Feld hinterlässt.«

Ein vierter Schritt – nicht unbedingt erforderlich – besteht darin, der geheimnisvollen Definition eine ansprechende Form zu verleihen. Sehr oft werden Rätsel in Versen formuliert. In unserem Falle ist es einfach:

Auf einer reinen weißen Flur
zieht es eine schwarze Spur.

Hervorzuheben ist die entscheidende Bedeutung des ersten Schrittes, der scheinbar nur vorbereitend ist. In Wirklichkeit ist die Verfremdung ein wesentliches Moment, weil sie die am wenigsten banalen Assoziationen ermöglicht und das Aufblitzen der überraschendsten Metaphern bewirkt (die in ihrer Dunkelheit für den Ratenden um so anregender sind).

Warum haben Kinder solch ein Gefallen an Rätseln? Auf Anhieb würde ich sagen, weil sie die konzentrierte, nahezu sinnbildhafte Form ihrer Erfahrung bei der Eroberung der Realität darstellen. Für ein Kind ist die Welt voller geheimnisvoller Gegenstände, unverständlicher Geschehnisse und verschlüsselter Bilder. Ihre eigene Gegenwart in der Welt ist ein zu klärendes Geheimnis, ein zu lösendes Rätsel, das sie mit direkten oder indirekten Fragen umkreisen. Das Erkennen verläuft oft in Form einer Überraschung.

Daher rührt das Vergnügen, zweckfrei, spielerisch oder gleichsam zum Training das Erregende der Suche und der Überraschung zu verspüren.

Wenn ich nicht irre, hat auch das Versteckspiel etwas mit der Lust am Rätsel zu tun. Es hat jedoch einen anderen Hauptinhalt, nämlich den, versuchsweise noch einmal die Angst zu durchleben, verlassen zu werden, verloren zu sein. Oder sich zu verirren. Ja, es ist der kleine Däumling, der das *Sichverirren* im Walde *spielt*. Wiedergefunden zu werden ist wie eine Rückkehr in die Welt, wie ein Rückgewinn der eigenen Rechte, wie eine Wiedergeburt. Zuerst gab es mich nicht: jetzt bin ich. Es gab mich nicht mehr: jetzt gibt es mich wieder.

In diesen Herausforderungen festigen sich das Gefühl der Sicherheit des Kindes, seine Fähigkeit, groß zu werden, seine Lust an der Existenz und der Erkenntnis.

Vieles ließe sich noch darüber sagen, aber es würde das Anliegen dieser Notizen sprengen.

Volksmärchen als Rohmaterial

Die Volksmärchen haben als Rohmaterial Eingang in verschiedene Prozeduren der »Phantastik« gefunden: vom literarischen Spiel (Straparola) zum höfischen (Perrault), vom romantischen zum positivistischen. In unserem Jahrhundert verhalf schließlich das große Unterfangen der phantastischen Sprachwissenschaft Italo Calvino dazu, unserer Sprache das zu geben, was sie im 19. Jahrhundert nicht bekommen hatte, weil es keinen italienischen Grimm gab. Dabei will ich die Nachahmungen mit Schweigen übergehen, deren Opfer die Märchen waren, ebenso die pädagogischen Verzerrungen, die kommerzialisierte Ausbeutung (Walt Disney), denen sie ausgeliefert worden sind.

Von der Welt des Märchens haben sich mit Erfolg, doch auf verschiedenen Wegen, Andersen und Collodi inspirieren lassen.

Andersen ging wie die Brüder Grimm von den Märchen seines Landes aus. Während es sich die Brüder Grimm als brave Deutsche angelegen sein ließen, die von Erzählern aus dem Volk mündlich überlieferten Märchen aufzuschreiben, um ein lebendiges Denkmal der deutschen Sprache in dem von Napoleon unterworfenen Deutschland zu errichten (ein Unternehmen, wofür ihnen sogar vom preußischen Erziehungsminister im Namen des Patriotismus Anerkennung zuteilwurde), erlebte Andersen diese Märchen in seiner Erinnerung neu: für ihn waren sie lediglich Mittel, sich seiner Kindheit wieder zu nähern, um sich von ihr zu befreien, und nicht, um seinem Volk Stimme zu verleihen. »Ich und die Märchen« war das »phantastische Binom«, das seiner Arbeit als höchster Orientierungspunkt diente. Dann löste sich Andersen vom traditionellen Märchen, um ein neues Märchen zu schaffen, das von romantischen Gestalten und alltäglichen Dingen, sogar von persönlichen Rachegefühlen bevölkert war. Die von den Strahlen der romantischen Sonne verklärten Botschaften des Volksmärchens hatten ihm dazu gedient, seine Phantasie völlig freizusetzen und sich einer Sprache zu bemächtigen, die geeignet war, die Kinder zu erreichen, ohne kindisch zu sein.

Pinocchio wiederum lebt von der Landschaft, den Tönen und Farben des toskanischen Volksmärchens, das in Collodis Erzählung als ein in der Tiefe liegendes Substrat Eingang gefunden hat, in der Sprache jedoch nur eines der Elemente des Rohmaterials darstellt: ein ziemlich komplexes Rohmaterial, wie man im Nachhinein den unterschiedlichen Interpretationen Pinocchios von einst und jetzt entnehmen kann.

Die Brüder Grimm, Andersen, Collodi gehören, was das »Märchenhafte« betrifft, zu den großen Befreiern der Kinderliteratur von ihren erbaulichen Funktionen, die an ihre mit der Schaffung der Volksschule geknüpfte Entstehung gebunden waren. (Auf dem Gebiet des »Abenteuers« erweisen sich die amerikanischen Indianer und Pioniere, die Forschungsreisenden – Vortrupp des Kolonialismus –, die Piraten, Korsaren und anderes Gelichter als wertvolle Verbündete der Kinder.)

In Andersen erblicken wir den ersten Schöpfer des zeitgenössischen Märchens: Themen und Gestalten der Vergangenheit verlassen ihren nunmehr zeitlosen Limbus, um im Fegefeuer oder in der Hölle der Gegenwart zu agieren. Collodi ist noch darüber hinausgegangen, indem er dem Kind – dem Kind, wie es ist und nicht wie sein Lehrer oder Pfarrer es haben möchten – eine Hauptrolle und bestimmten Personen des klassischen Märchens neue Rollen zuwies. Sein Mädchen mit dem blaudunklen Haar (später die Fee) ist lediglich eine entfernte Verwandte der traditionellen Feen; der alte Menschenfresser ist im Gewand des Feuerfressers und des Grünen Fischers nicht wiederzuerkennen; das Buttermännchen ist eine fröhliche Karikatur des Zauberers. Andersen bleibt unübertroffen in der Belebung der banalsten Gegenstände, wobei er absolute Schulbeispiele von »Verfremdung« und »Erweiterung« schafft. Collodi bleibt unübertroffen in seinen Dialogen. Er bekam darin Übung, als er jahrelang schlechte Komödien schrieb.

Weder Andersen noch Collodi – und das beweist ihre dichterische Genialität – kannten das Märchenmaterial, wie wir es heute kennen, nachdem es katalogisiert und seziert, unter das psychologische, psychoanalytische, formalistische, anthropologische, strukturalistische usw. Mikroskop gehalten worden ist. Das bedeutet, dass wir imstande sind, die klassischen Märchen in einer ganzen Serie phantastischer Spiele »aufzubereiten«. Von diesen Spielen werde ich, ohne jegliche Systematik, sondern so, wie sie mir gerade einfallen, in den folgenden Abschnitten berichten.

Verdrehungen im Märchen

Es war einmal ein Mädchen, das hieß Gelbkäppchen.
Nein, Rotkäppchen!
Ach ja, Rotkäppchen. Da ruft der Vater es also ...
Nein, nicht sein Vater, die Mutter.
Ach ja. Sie ruft es und sagt zu ihm: Geh zu Tante Rosalinde und bring ihr ...
Geh zur Großmutter, hat sie Rotkäppchen gesagt, nicht zur Tante! Und so weiter.

Das ist das Schema eines alten Spiels der Verdrehung einer Geschichte, was man jederzeit in jeder beliebigen Wohnung spielen kann. Ich habe mich seiner ebenfalls vor vielen Jahren in meinen *Geschichten am Telefon* bedient.

Es ist ein viel ernsthafteres Spiel, als es auf den ersten Blick erscheint. Man muss es jedoch im richtigen Augenblick spielen. Die Kinder sind, was die Märchen betrifft, ziemlich lange konservativ. Sie wollen sie mit denselben Worten wie das erste Mal hören, weil sie Freude daran haben, sie wiederzuerkennen, sie sich von Anfang bis Ende in der richtigen Reihenfolge anzueignen, noch einmal die Empfindungen der ersten Begegnung zu spüren: Staunen, Angst, Erleichterung. Sie wollen, dass alles in Ordnung ist und dass sie beruhigt sein können: die Welt darf sich nicht zu überstürzt von dem Gleis entfernen, auf dem sie sich mit solcher Mühe vorwärtsbewegen.

Es kann also passieren, dass man die Kinder anfangs beim Verwechslungsspiel irritiert, weil sie sich gefährdet fühlen. Beim Erscheinen des Wolfs sind sie darauf vorbereitet; das Erscheinen des Neuen beunruhigt sie, weil sie nicht wissen, ob es sich um Freund oder Feind handelt.

An einem bestimmten Punkt – vielleicht wenn Rotkäppchen ihnen nicht mehr viel zu sagen hat, wenn sie bereit sind, sich von ihm wie von einem alten, durch Gebrauch abgenutzten Spielzeug zu trennen – willigen sie ein, dass aus der Geschichte die Parodie entsteht, ein wenig deshalb, weil die Parodie ihre Abstandsnahme sanktioniert, ein wenig aber auch, weil der neue Gesichtspunkt das Interesse an der Geschichte selbst erneuert, die Geschichte belebt und auf ein anderes Gleis leitet. Die Kinder spielen nicht mehr so sehr mit Rotkäppchen als mit sich selbst: Sie fordern sich dazu heraus, der Freiheit ohne Angst zu begegnen und gewagte Verantwortungen auf sich zu nehmen. Man muss dann auf ein gesundes Übermaß an Aggressivität gefasst sein, an übermäßige Sprünge ins Absurde.

In manchen Fällen wird das Spiel seine therapeutische Wirkung haben. Es wird dem Bund helfen, von bestimmten Fixierungen loszukommen. Das Spiel entdramatisiert den Wolf, beschimpft das Ungeheuer, macht die Hexe lächerlich, stellt eine deutlichere Grenze zwischen der Welt der wirklichen Dinge – in der bestimmte Freiheiten nicht möglich sind – und der Welt der phantastischen Dinge her. Früher oder später muss das sowieso eintreten: auf keinen Fall aber, bevor der Wolf, das Ungeheuer und die Hexe ihre tiefen Funktionen erfüllt haben, aber auch nicht zu spät.

Ein anderer ernsthafter Aspekt des Spiels besteht darin, dass, wer sich daran beteiligt, auf der Ebene der Intuition eine echte und eigenständige Analyse des Märchens vornimmt. Die Alternative oder die Parodie können nur an bestimmten Stellen und allein an diesen ansetzen – und das sind genau die Stellen, die das Märchen kennzeichnen und strukturieren –, und nicht während seiner ungehörten verbalen Verschiebungen von einem Knotenpunkt der Bedeutung zu einem anderen. Die Vorgänge des Zergliederns und Wiederzusammensetzens erfolgen in diesem Spiel gleichzeitig. Eben deshalb sind sie operative Eingriffe und nicht abstrakt logisch.

Daraus resultiert eine »pointilistische« Erfindung, die selten zu einer Synthese mit einer neuen Logik führt, statt dessen wird ein Hin- und Herwandern ohne präzises Ziel zwischen den Märchenthemen begünstigt. Es ist mehr Kritzelei als Zeichnung. Aber heutzutage ist uns der Nutzen der Kritzelei zur Genüge bekannt.

Rotkäppchen im Hubschrauber

In einigen Schulen habe ich das folgende Spiel beobachtet. Man gibt den Kindern einige Worte vor, aus denen sie eine Geschichte machen sollen. Zum Beispiel fünf zusammenhängende Worte, die das Märchen von Rotkäppchen suggerieren: Mädchen, Wald, Blumen, Wolf, Großmutter. Das sechste Wort sprengt die Reihe; zum Beispiel: Hubschrauber.

Die Lehrer oder andere Personen, die den Test durchführen, messen an diesem Übungsspiel die Fähigkeit der Kinder, auf ein neues Element zu reagieren, das in Bezug auf eine bestimmte Serie von Begebenheiten unerwartet auftritt, sowie das vorgegebene Wort in eine bekannte Geschichte einzufügen und die vertrauten Worte mit dem neuen Zusammenhang, in den sie geraten sind, zu konfrontieren.

Aus der Nähe betrachtet, nimmt das Spiel die Form eines »phantastischen Binoms« an: auf der einen Seite steht Rotkäppchen, auf der anderen der Hubschrauber. Der zweite Teil des Binoms besteht nur aus einem einzigen Wort, der erste aus einer Reihe von Worten, die sich jedoch gegenüber »Hubschrauber« wie ein Ganzes verhalten. Vom Standpunkt der phantastischen Logik ist also alles klar.

Die interessantesten Resultate ergeben sich für den Psychologen nach meiner Ansicht dann, wenn dieses phantastische »Thema« unvermittelt, ohne Vorbereitung, jedoch nicht ohne ein Minimum an Erklärung gestellt wird.

Nachdem ich selbst von einem Lehrer aus Viterbo, dessen Namen und Adresse ich leider verloren habe, von diesem Experiment erfahren hatte, versuchte ich es während eines Zusammentreffens mit Kindern einer zweiten Grundschulklasse anzuwenden, die von didaktischer Routine schlimmster Sorte (Abschreiben, Diktate und Ähnliches) »blockiert« waren. Also unter verheerenden Bedingungen. Vergeblich hatte ich versucht, ihnen eine Geschichte zu entlocken: ein schwieriges Unterfangen, wenn man unvermutet als Fremder, von dem niemand weiß, was er will, in ihre Mitte gerät. Überdies hatte ich nur wenige Minuten zur Verfügung, weil man mich in anderen Klassen erwartete. Aber es tat mir leid, wieder fortzugehen und den Kindern nur die Erinnerung an einen komischen Typ zurückzulassen, der sich, um den Hanswurst zu spielen, auf die Erde setzte, auf einen Stuhl stieg (in diesem Zusammenhang notwendige Handlungen, um die durch Anwesenheit des Lehrers und Schulinspektors geschaffene bürokratische Atmosphäre zu durchbrechen). Hätte ich wenigstens eine Mundharmonika, eine Flöte, eine Trommel mitgebracht …

Schließlich komme ich auf den Einfall, zu fragen, ob jemand Lust hat, das Märchen von Rotkäppchen zu erzählen. Die Mädchen zeigen auf einen Jungen, die Jungen auf ein Mädchen.

Und dann, als das Kind mit dem Runterleiern des Märchens zu Ende ist – nicht des eigentlichen Märchens, wie es ihm doch wohl die Großmutter erzählt hat, sondern einer abgedroschenen Litanei (welche bei dem bedauernswerten Kind wie ein »Aufsagen« in der Schule klang), sagte ich: »Und jetzt nennt mir ein beliebiges Wort.« Sie begreifen natürlich nicht, was »beliebig« heißen soll. Es muss erklärt werden. Schließlich nennen sie mir: Pferd. Ich kann also die Geschichte von Rotkäppchen erzählen, das im Wald einem Pferd begegnet, auf dessen Rücken klettert und noch vor dem Wolf im Hause der Großmutter eintrifft …

Danach gehe ich an die Tafel und schreibe in einem endlich erwartungsvollen knisternden Schweigen: Mädchen, Wald, Blumen, Wolf, Großmutter, Hubschrauber … Ich drehe mich um. Ich brauche das neue Spiel nicht einmal zu erklären. Die Aufgewecktesten haben schon geschaltet und heben die Hand. Mehrstimmig kommt dabei eine hübsche Geschichte heraus, in welcher der Wolf, während er bei der Großmutter anklopft, aus einem Hubschrauber von der Verkehrspolizei beobachtet wird. »Was macht der da? Was will denn der?«, fragen sich die Polizisten. Und ab geht's im Sturzflug, gerade rechtzeitig, um den Wolf dem Jäger in die Arme zu treiben …

Über den ideologischen Gehalt der neuen Schöpfung lässt sich streiten, aber das scheint mir nicht der Punkt zu sein. Viel wertvoller ist das, was in Bewegung kam. Ich bin sicher, dass diese Kinder von Zeit zu Zeit verlangen werden, wieder einmal das Spiel von Rotkäppchen mit einem neuen Wort zu spielen: sie werden das Vergnügen des Erfindens kennen.

Ein Experiment mit dem Erfinden ist schön, wenn die Kinder ihren Spaß daran haben, selbst wenn, um dieses Ziel zu erreichen (das Ziel ist das Kind), die Regeln des Experiments verletzt werden.

Umkehrung von Märchen

Eine Variante des Spiels, die Geschichten zu verwechseln, besteht in einer vorsätzlichen und gezielten Umkehrung des märchenhaften Themas.

> Rotkäppchen ist schlecht, und der Wolf ist gut …
> Däumelinchen will mit seinen Geschwistern von zu Hause fliehen und die armen Eltern verlassen: diese sind jedoch so umsichtig, dass sie ein Loch in eine Tasche schneiden und diese mit Reis füllen, der dann den Fluchtweg kennzeichnen wird. Wie in dem echten Märchen, nur spiegelverkehrt, wo die Rechte zur Linken wird …
> Aschenbrödel taugt so wenig, dass es die geduldige Stiefmutter zur Verzweiflung treibt und den braven Schwestern den Bräutigam abspenstig macht …
> Schneewittchen begegnet im Wald, wo er am dichtesten und am finstersten ist, nicht den sieben Zwergen, sondern sieben Riesen: Sie wird zu ihrem Maskottchen bei ihren räuberischen Unternehmungen …

Die Technik des Irrtums verschafft sich auf diese Weise einen Leitgedanken, einen angestrebten Plan. In Abhängigkeit davon, ob die »Umkehrung« ein einziges oder alle Elemente des gegebenen Märchens einbezieht, wird das Ergebnis teilweise oder völlig neu sein.

Durch »Umkehrung« vermögen wir auch statt zu einer Parodie des Märchens zur Ausgangssituation einer freien Erzählung zu gelangen, die sich selbständig in andere Richtungen entfalten kann.

Ein besonders kreatives Kind aus einer 4. Volksschulklasse tummelt sich in der Historie oder in historischen

Legenden, anstatt sich der Technik der Umkehrung von Märchen zu bedienen: Remus tötet Romulus, die neue Stadt heißt nicht Roma, sondern Rema, deren Einwohner die alten Remaner sind. So umgetauft, flößen sie keine Angst mehr ein, sie rufen Gelächter hervor. Hannibal schlägt sie und wird Imperator von Rema. Und so weiter.

Die Übung hat keinerlei historischen Wert, weil Geschichte nicht mit »wenn« gemacht wird, wie alle Welt sagt. Außerdem hat sie mehr von Voltaire als von Borges. Möglicherweise besteht ihr wertvollstes, wenn auch unfreiwilliges Ergebnis darin, die Art und Weise, ja überhaupt den Anspruch, Kindern in der Unterstufe römische Geschichte beizubringen, ins Lächerliche zu ziehen.

Was passiert danach

Und dann, fragen die Kinder, wenn der Erzähler eine Pause macht.

Selbst in dem zu Ende erzählten Märchen besteht immer die Möglichkeit eines Danach. Die Gestalten sind bereit zu handeln, wir kennen ihr Verhalten, wir wissen, in welcher Beziehung sie untereinander stehen. Die bloße Einführung eines neuen Elements setzt den gesamten Mechanismus wieder in Bewegung, wie alle diejenigen wohl wissen, die »Fortsetzungen« zu Pinocchio geschrieben oder ausgedacht haben.

Eine Gruppe von Kindern aus einer 5. Klasse hat mit einem bemerkenswerten »Wir gehen einen Schritt zurück« das neue Element direkt in den Bauch des Haifisches eingeführt. An demselben Tag, an dem Pinocchio ein wirklicher Junge wird, erinnert sich Geppetto plötzlich, dass er in den Eingeweiden des Ungeheuers, als er dort gefangen war, einen versteckten Schatz gesehen hat. Pinocchio organisiert auf der Stelle eine Jagd auf den Haifisch, die gleichzeitig eine Jagd auf den Schatz ist. Aber er ist nicht der Einzige. Auch den Grünen Fischer, der inzwischen Pirat geworden ist, gelüstet es nach dem Schatz, von dem er durch Kater und Fuchs gehört hat, die jetzt, so unwahrscheinlich es auch sein mag, seine Mannschaft ausmachen. Nach vielen abenteuerlichen Begegnungen trägt Pinocchio den Sieg davon. Aber das Finale hat sein Nachspiel: der Haifisch, gefangen und ausgestopft, wird von Geppetto, der jetzt zu alt ist, um noch als Tischler zu arbeiten, jedoch nicht zu alt, um Eintrittskarten abzureißen, auf öffentlichen Plätzen gezeigt.

Das phantastische Binom, das zum Auslöser der neuen Geschichte wird, ist »Pinocchio – verborgener Schatz«. Genaugenommen macht die Geschichte die Niederlage wett, die der Held bei der Schatzbeschaffung erlitt, als er noch eine Holzpuppe war und naiverweise Goldmünzen aussäte, um eine Pflanze daraus hervorsprießen zu sehen.

Es gibt eine berühmte »Fortsetzung« von Aschenbrödel (aber gibt es sie wirklich? Jedenfalls habe ich sie im Kopf, und es hat nicht den Anschein, dass ich sie erfunden habe) mit parodistischen Vorzeichen. Aschenbrödel bleibt auch nach ihrer Heirat mit dem Blauen Prinzen ihren Gewohnheiten als Hüterin von Heim und Herd treu, eine Hausfrau, wie sie leibt und lebt, immer mit Schürze, schlampig, ungekämmt. Einer solchen Ehefrau ist der Prinz nach wenigen Wochen zwangsläufig überdrüssig. Viel unterhaltsamer und anziehender sind Aschenbrödels Stiefschwestern, denen Bälle, Kino, Kreuzfahrten zu den Balearen Spaß machen. Selbst die Stiefmutter, die noch jugendlich ist und ihre Hobbys hat (sie spielt Klavier, geht auf Konferenzen über die Dritte Welt und zu literarischen Kaffeekränzchen), ist nicht von der Hand zu weisen. Es folgt eine Tragödie der Eifersucht mit allen sattsam bekannten Einzelheiten …

Der springende Punkt des Spiels ist auch hier eine intuitive »Analyse« der Fabel. Gegenstand des Spiels werden die Strukturen des Märchens, das System, das das Märchen organisiert, wobei eines der Themen Vorzug vor dem anderen erhält. In dem Märchen von Aschenbrödel erlebt dieses seinen Status als Hüterin des Herdes wie eine Verurteilung: in der Fortsetzung weitet sich das Thema zu einer gigantischen Karikierung und zwingt auch die anderen Themen – zum Beispiel das Thema der »mondänen« Stiefschwestern – neue Bedeutungen anzunehmen.

Wenn man einer Gruppe von Kindern das Märchen vom kleinen Däumling erzählt, kann es passieren, dass zum Schluss eines von ihnen fragt: »Und dann, was hat der kleine Däumling mit den Siebenmeilenstiefeln gemacht?« Von allen Themen des Märchens hat eben dieses das Kind am meisten gepackt und es dazu angeregt, sich seine Fortsetzung auszudenken. Es ist ein Beispiel für ein »bevorzugtes Thema«.

Wenn wir von allen im *Pinocchio* enthaltenen Themen dem der sich bei jeder Lüge verlängernden Nase den Vorzug geben, können wir mit Leichtigkeit zu einem neuen Märchen gelangen, in dem Pinocchio absichtlich lügt, um sich klafterweise Holz zu beschaffen, mit dem er handelt und Geschäfte macht. Er wird reich und für ihn wird zu Lebzeiten ein Denkmal errichtet. Aus Holz, nehme ich an.

Bei den genannten Beispielen wirkt so etwas wie ein »Beharrungsvermögen« der Imagination, welche dazu neigt, hartnäckig in ihrer Bewegung fortzufahren und sich so in eine Automatik der Phantasterei zu verwandeln. Das neue Märchen jedoch entsteht nicht aus einem Selbstlauf dieses Automatismus, sondern aus seiner Rationalisierung, d. h. aus der Fähigkeit, in der unkontrollierten Bewegung eine Richtung, einen konstruktiven Impuls zu erkennen. Auch in den besten Leistungen der Surrealisten wird der Automatismus ständig von einer unüberwindlichen Tendenz der Imagination zur Syntax übertrumpft.

Märchensalat

Rotkäppchen begegnet dem kleinen Däumling und seinen Brüdern im Wald: ihre Abenteuer vermischen sich und folgen einem neuen Weg, der zur Diagonale der beiden Kräfte wird, die an demselben Punkt wirken wie in dem famosen Parallelogramm, das ich zu meinem großen Erstaunen im Jahre 1930 auf der Wandtafel unter den Händen meines Lehrers Ferrari in Laveno entstehen sah.

Er war ein schmächtiger Lehrer mit blondem Bärtchen, Brille, und er hinkte. Einmal gab er dem Aufsatz meines Konkurrenten in Italienisch die Note 10, weil er geschrieben hatte: »Die Menschheit braucht gute Menschen nötiger als große Menschen.« Daraus kann man entnehmen, dass er Sozialist war. Ein anderes Mal wollte er mich in Verlegenheit bringen und meinen Schulkameraden zu verstehen geben, dass ich den Stein der Weisen nicht erfunden hätte. Er sagte: »Wenn ich Gianni zum Beispiel frage, was die Schöne auf Lateinisch heißt, wird er es nicht wissen.« Aber da ich in der Kirche »Tota pulchra es Maria« singen gehört hatte und es mir angelegen sein ließ, diese herrlichen Worte zu verstehen, stand ich auf und sagte errötend: »*Pulchra*«.

Alle lachten, auch der Lehrer, und ich begriff, dass es nicht immer nötig ist, alles zu sagen, was man weiß. Deshalb enthalte ich mich auch in diesem Buch möglichst der mir bekannten schwierigen Worte. Ich habe weiter oben das scheinbar schwierige Wort Parallelogramm erst geschrieben, als mir einfiel, dass ich es in der 5. Grundschulklasse gelernt habe.

Wenn Pinocchio in das Haus der sieben Zwerge gerät, wird er der achte Schützling Schneewittchens, bringt er seine Tatkraft in die alte Geschichte und zwingt sie, sich entsprechend den Resultaten der Handlungsgesetze beider, nämlich Pinocchios und Schneewittchens, neu zu bilden. Das Gleiche geschieht, wenn Aschenbrödel Blaubart heiratet, wenn der Gestiefelte Kater sich in den Dienst von Hänsel und Gretel stellt usw.

Bei solchen Verfahren scheinen auch die abgenutztesten Bilder aufzuleben, wieder auszutreiben und unerwartete Blüten und Früchte hervorzubringen. Das Hybride hat seine Faszination. Einen ersten Absatz zu solcherlei »Märchensalat« kann man in bestimmten kindlichen Zeichnungen entdecken, in denen gerade Gestalten von verschiedenen Märchen auf phantastische Weise zusammenleben. Ich kenne sogar eine Frau, die sich dieser Technik bediente, als ihre Kinder klein und unersättlich in ihrem Hunger nach Geschichten waren. Als sie allmählich größer wurden und nach neuen Geschichten verlangten, improvisierte sie auf ihre Weise, indem sie die Gestalten der alten Geschichte vermischte. Sie ließ sich das Thema von den Kindern selbst diktieren. Von ihr habe ich einen grotesken Krimi gehört, in welchem der Prinz, der Schneewittchen mit einem Kuss aus dem Zauberschlaf erlöste, derselbe war, der tags zuvor Aschenbrödel geheiratet hatte … Daraus ergab sich ein angsteinflößendes Drama mit heftigen Kämpfen zwischen Zwergen, Stiefschwestern, Feen, Hexen und Königinnen …

Die Art des phantastischen Binoms, das dieses Spiel beherrscht, unterscheidet sich von der allgemeinen Form lediglich dadurch, dass es aus zwei Eigennamen besteht und nicht, wie man vorher gesehen hat, aus zwei Substantiven, einem Subjekt und einem Prädikat usw. Natürlich sind es hier *Eigennamen aus Märchen*, eine Unterart, welche die normalen Grammatiken nicht genötigt sind zu registrieren. So als ob »Schneewittchen« und »Pinocchio« das Gleiche wäre wie »Alberto« und »Rosina«.

Märchen im Pausverfahren

Bisher hat sich das Spiel der alten Märchen als Objekt bedient. Sie wurden offen mit Namen genannt, ihre Gestalten wurden unter ihrem vertrauten Namen benutzt, doch interessanten Umkehrungen und Verdrehungen unterworfen. Ihre Motive wurden miteinander vermischt, das Beharrungsvermögen ihrer Abläufe wurde ausgenutzt, ohne sie aus ihrer ursprünglichen Umgebung herauszureißen.

Ein komplexeres Spiel ergibt sich beim »Pausverfahren«: man erhält aus einem alten Märchen ein neues in verschiedenen Abstufungen der Wiedererkennbarkeit oder durch völlige Übertragung auf ein fremdes Gebiet. Das Verfahren hat berühmte Vorläufer, hochberühmt ist die »durchgepauste« *Odyssee* bei Joyce. Aber es fällt auch nicht schwer, die »Pause« eines griechischen Mythos in *Ein Tag zu viel* von Robbe-Grillet zu erkennen, und bei genauer Suche könnte man auch in dem roten Faden mancher Erzählungen Moravias den Bauplan biblischer Geschichten erkennen. Diese Beispiele haben selbstverständlich nichts mit den zahllosen Romanfabeln zu tun, die durch einfache Namensveränderung und Umformung des Kalendariums eine von der anderen als Ableger entsprossen sind.

Die Odyssee dient Joyce lediglich als ein komplexes System phantastischer Koordinaten: ein Netz, in dem er die Realität seines Dublin einfängt, und zugleich ein System von Zerrspiegeln, welche diese Realität in einer Dichte zeigen, die dem bloßen Auge entgeht. Als Spiel betrieben, büßt dieses Verfahren nichts von seiner Vornehmheit und seiner stimulierenden Funktion ein.

Man reduziert ein bekanntes Märchen auf den roten Faden seiner Handlung und seiner inneren Beziehungen:

> Aschenbrödel lebt bei seiner Stiefmutter und den Stiefschwestern. Diese begeben sich auf einen großen Ball und lassen sie allein zu Hause. Durch Eingreifen einer Fee geht sie ebenfalls tanzen. Der Prinz verliebt sich in sie. Und so weiter.

Die Operation besteht darin, die Fabel auf einen rein abstrakten Ausdruck zu reduzieren.

> A lebt im Hause von B und steht zu B in einer Beziehung, die sich von der Beziehung unterscheidet, die die ebenfalls dort lebenden C und D zu B unterhalten. Während B, C und D sich nach E begeben, wo sich ein Ereignis F abspielt, bleibt A allein. Jedoch durch Eingreifen von G kann sich A ebenfalls nach E begeben und macht einen ungewöhnlichen Eindruck auf H. Und so weiter.

Denken wir jetzt den abstrakten Ausdruck neu aus, so können wir z. B. dieses Schema erhalten:

> Delfina ist die arme Verwandte der Signora Notabilis, Besitzerin einer Färberei in Modena und Mutter zweier verwöhnter Gymnasiastinnen. Während sich die Gnädige und ihre Töchter zu einer Kreuzfahrt auf den Mars begeben, wo ein großes intergalaktisches Fest stattfindet, bleibt Delfina in der Färberei, um das Abendkleid der Gräfin Sowieso zu bügeln. Sie probiert es an und kommt dabei ins Träumen. Sie geht auf die Straße und steigt ohne zu überlegen in das Raumschiff Fee II, genau das, mit dem die Gräfin Sowieso sich zu dem Fest auf den Mars begibt – Delfina reist als blinder Passagier mit. Auf dem Ball wird der Präsident der Republik Mars aufmerksam auf Delfina und tanzt mit ihr. Und so weiter.

In diesem Beispiel erscheint das zweite Verfahren – das Abstrahieren einer Formel aus dem vorgegebenen Märchen – fast überflüssig, weil der neue Faden den ursprünglichen unmittelbar kopiert, indem er nur einfache Varianten einführt. Fast überflüssig, aber nicht ganz und gar, denn in jedem Fall hat er dazu gedient, einen gewissen Abstand von dem Märchen zu schaffen und auf seine Wandlungsfähigkeit vorzubereiten.

Wenn wir nach Gewinnung der Formel versuchen, das ursprüngliche Märchen möglichst zu vergessen, können wir uns dem folgenden Vorschlag nähern.

> Karlchen ist Stalljunge bei dem Grafen Aschersleben. Vater von Guido und Anna. Der Graf und seine Söhne beschließen, während der Ferien mit ihrer Yacht eine

Weltreise zu machen. Karlchen schlüpft mit Hilfe des Schiffsjungen heimlich an Bord der Yacht. Diese erleidet Schiffbruch vor einer entlegenen Insel, wo Karlchen sich dank einem Gasfeuerzeug, das er dem Medizinmann der Eingeborenen schenkt, als sehr wichtig erweist. Karlchen wird als Feuergott verehrt. Und so weiter.

Und damit haben wir uns ziemlich weit vom ursprünglichen Aschenbrödel entfernt, das in der neuen Geschichte wie ein unsichtbares Gewebe in die Tiefe eindringt, um in ihrem Inneren zu leben und von dort aus ungeahnte Entwicklungen auszulösen. Probieren geht über Studieren, wie früher der Volksmund sagte. Ein anderes Beispiel:

Hänsel und Gretel sind Geschwister, sie verirren sich im Wald, eine Hexe nimmt sie in ihrem Haus auf, beabsichtigt jedoch, sie in ihrem Ofen zu braten …

Der rote Faden ergibt das Schema:

A und B verirren sich im Ort C, werden von D in einen Ort E aufgenommen, wo auch ein Ofen F existiert …

Und schon haben wir den neuen Faden:

Zwei Geschwister (wahrscheinlich Kinder von Süditalienern, die nach Norden auswanderten) sind im Mailänder Dom vom Vater verlassen worden, der verzweifelt ist, weil er sie nicht ernähren kann und sie damit der öffentlichen Fürsorge anvertraut. Verstört irren sie durch die Stadt. Nachts flüchten sie sich in einen Hof und schlafen in einem Haufen leerer Kisten ein. Ein

Bäcker, der rein zufällig nach draußen gegangen ist, findet sie: sie kommen ins Warme, in der Nähe des Backofens …

Wenn ich mich frage, an welchem Punkt der Übung der Funke zündete und die notwendige Energie freisetzte, um die neue Geschichte auszulösen, kann ich mit Leichtigkeit antworten, dass es das Wort »Backofen« gewesen ist. Ich glaube, ich sagte es schon: ich bin der Sohn eines Bäckers. Der ist flink und bietet Essbares. Das Wort Backofen bedeutet für mich: ein mit Säcken vollgestellter großer Raum mit einer mechanischen Knetmaschine linker Hand und gegenüber die weißen Kacheln des Backofens, sein Schlund, der sich öffnet und schließt, mein Vater, der knetet, formt, in den Ofen schiebt, aus dem Ofen holt. Für mich und meinen Bruder formte er jeden Tag auf besondere Weise ein Dutzend Brötchen aus feinstem Mehl, die wir voller Genuss aßen und die sehr knusprig sein mussten.

Das letzte Bild, das ich mir von meinem Vater bewahrt habe, ist das eines Mannes, der vergeblich versucht, sich seinen Rücken am Backofen zu wärmen. Er ist durchnässt und zittert. Er ist im Gewitter nach draußen gegangen, um ein von Pfützen eingeschlossenes Kätzchen zu retten. Sieben Tage später stirbt er an Lungenentzündung. Damals gab es noch kein Penicillin.

Ich weiß, dass man mich später zu ihm führte, als er tot auf seinem Bett mit gefalteten Händen lag. Ich erinnere mich an die Hände, aber nicht an das Gesicht. Ebenso wenig sehe ich das Gesicht des Mannes vor mir, der sich an den lauen Kacheln zu wärmen sucht, sondern nur die Arme: er sengte sich die Haare mit einer brennenden Zeitung ab, damit sie nicht in den Brotteig fielen. Die Zeitung war *La gazzetta del popolo*. Das weiß ich ganz genau, weil sie eine Seite für Kinder hatte. Es war 1929.

Das Wort »Backofen« hat in meinem Gedächtnis gewühlt und ist mit einer zärtlichen und traurigen Färbung wieder emporgetaucht. Diese Farbe überwog dann bei der Herausbildung der anderen Annäherungen: zwischen den verlassenen Kindern des alten Märchens und denen des neuen, zwischen den Bäumen des Waldes und den Pfeilern des Mailänder Doms. Der Rest ist Deduktion (eine phantastische, keine logische).

Die Geschichte wird einen überraschenden Schluss haben, weil der Bäcker in dem Ofen Brot und nicht die Kinder bäckt. Ebenso überraschend lädt sie uns dazu ein, die große Industriestadt von unten zu betrachten, mit den Augen zweier verlorener Kinder, um in dem Spiel der Imagination der Realität eines sozialen Dramas zu entdecken. Die heutige Welt hält mit all ihrer Grausamkeit Einzug in unser abstraktes Schema A, B, C, D ... Wir finden uns auf der Erde wieder, im Herzen der Erde. Und in der »Pause« haben politische und ideologische Inhalte unter einem bestimmten Vorzeichen ihren Niederschlag gefunden, weil ich ich bin und nicht eine Gnädige aus San Vincenzo. Das alles geschieht zwangsläufig. Und indem es geschieht, bringt es Bilder und Zeichen hervor, die ihrerseits erforscht und gedeutet werden wollen.

Unterschiedlichen Personen bietet das »Pausverfahren« unterschiedliche Wege, die gegebenenfalls zu unterschiedlichen »Botschaften« führen. Wir sind jedoch von keiner »Botschaft« ausgegangen: diese hat sich von selbst eingestellt, wie ein ungewollter Schlusspunkt.

Das wesentliche Moment des »Pausverfahrens« ist die Analyse des vorgegebenen Märchens. Ein Verfahren, das analytisch und synthetisch zugleich ist, vom Konkreten zum Abstrakten führt und von hier wieder zurückkehrt zum Konkreten.

Die Möglichkeit eines derartigen Verfahrens entspringt der Natur des Märchens selbst: seiner Struktur, die stark geprägt ist von dem Vorhandensein, der Wiederkehr, der Wiederholung bestimmter kompositorischer Elemente, die wir auch »Motive« nennen können. Aber Wladimir Propp hat sie »Funktionen« genannt. Und unser Spiel muss sich jetzt mit Propp messen, um das Bewusstsein seiner selbst zu gewinnen und sich neue Instrumente zu schaffen.

Die Propp'schen Karten

Ein charakteristisches Merkmal von Leonardo da Vincis Genie, das ich in einem Aufsatz der Zeitschrift *Scienze* (italienischsprachige Ausgabe des *Scientific American*) ausgezeichnet herausgearbeitet finde, bestand in seiner Fähigkeit, zum ersten Mal in der Geschichte eine beliebige Maschine nicht als einmaligen Organismus, als einen nicht wiederholbaren Prototyp zu betrachten, sondern als eine Gesamtheit von einfacheren Maschinerien.

Leonardo »zerlegte« die Maschinen in Elemente, in »Funktionen«. So kam er dazu, beispielsweise die »Funktion« der Reibung gesondert zu untersuchen, und diese Untersuchung bewog ihn, Wälzlager aus Kugeln und Konussen, ja sogar stumpfkonische Walzen zu entwerfen, die tatsächlich erst in jüngerer Vergangenheit für Gyroskope hergestellt wurden, die in der Luftfahrt unerlässlich sind.

Bei derartigen Studien vermochte sich Leonardo gleichzeitig zu vergnügen. Vor Kurzem wurde eine Zeichnung von ihm entdeckt, der eine komische Erfindung zugrunde liegt, ein »Falldämpfer«, um den Sturz eines Mannes aus der Höhe zu bremsen. Man erblickt den Mann, wie er von irgendwo herunterfällt, er wird von einem System miteinander verbundener Keile und am Endpunkt des Sturzes schließlich von einem Wollballen gebremst, dessen aufpralldämpfende Wirkung von einem letzten Keil geregelt und gemessen wird. Möglicherweise muss man Leonardo also auch die Erfindung der »nutzlosen Maschinen« zuschreiben, die aus Spaß konstruiert werden, aus einer Laune heraus, mit einem Lächeln: im Augenblick ihres Entwurfs wider die militaristische Norm des wissenschaftlich-technischen Fortschritts aufbegehrend.

Ähnliches wie Leonardo mit seiner Zergliederung von Maschinen in ihre »Funktionen« hat der sowjetische Ethnologe Wladimir J. Propp in seinem Werk *Morphologie des Märchens* und in seiner Untersuchung *Die Verwandlung in den Feenmärchen* für das Gebiet der Volksmärchen geleistet.

Propp ist auch wegen seines Buches *Die historischen Wurzeln der Feenmärchen* zu Recht berühmt, in dem er auf überzeugende, zumindest auf eine vom poetischen Standpunkt überzeugende Weise die Theorie darlegt, derzufolge sich der älteste Kern der Zaubermärchen aus den in den primitiven Gesellschaften praktizierten Initiationsritualen ableitet.

Das, was die Märchen erzählen – oder am Ende ihrer Metamorphose in sich bergen – hat sich tatsächlich einst zugetragen: ab einem bestimmten Alter wurden die Kinder von der Familie getrennt und in den Wald geführt (wie der kleine Däumling, wie Hänsel und Gretel, wie Schneewittchen …, wo die auf angsteinflößende Weise gekleideten Schamanen sie mit schrecklichen Masken vor dem Gesicht (die uns sofort an die Zauberer und Hexen denken lassen)

... sie häufig schwierigen und sogar tödlichen Proben unterzogen (alle Märchenhelden werden damit auf ihrem Wege konfrontiert) ... die Knaben vernahmen die Erzählungen der Stammesmythen und bekamen die Waffen ausgehändigt (die magischen Geschenke, die in den Märchen dem gefährdeten Helden von übernatürlichen Spendern übergeben werden) ..., um schließlich nach Hause zurückzukehren, oft unter anderen Namen (auch der Held des Märchens kehrt manchmal unerkannt zurück) ... und sie waren heiratsfähig wie in den Märchen, die in neun von zehn Fällen mit einer Hochzeit enden) ...

In der Struktur der Märchen wiederholt sich die Struktur des Ritus. Und eben aus dieser Beobachtung leitet Wladimir Propp (aber nicht nur er allein) die Theorie ab, wonach das Märchen zu leben begann, als der vorgeschichtliche Ritus verfiel und von ihm nur noch die mündliche Überlieferung zurückblieb. Im Laufe der Jahrtausende haben die Erzähler die Erinnerung an den Ritus immer stärker preisgegeben und immer mehr Zugeständnisse an die Autonomie des Märchens gemacht, das sich in der mündlichen Überlieferung laufend wandelte, Varianten hervorbrachte, den (indoeuropäischen) Völkern auf ihren Wanderungen folgte und die Auswirkungen der historischen und sozialen Wandlungen in sich aufnahm. So verändern die Sprecher eine Sprache im Verlauf weniger Jahrhunderte, bis eine neue Sprache entsteht: wie viel Zeit ist verflossen, seit sich das Latein des verfallenden Römischen Reiches in die romanischen Sprachen verwandelte?

Die Märchen wären demgemäß durch das *Absinken* aus einer sakralen Welt in eine weltliche Realität entstanden: ebenso wie Objekte, die in verflossenen Zeitaltern rituelle und Kultgegenstände waren, durch Absinken in die kindliche Welt zu Spielzeug wurden: z. B. die Puppen, der Kreisel. Aber steht nicht auch derselbe Übergang vom Heiligen zum Profanen am Anfang des Theaters?

Um den ursprünglich magischen Kern der Märchen haben sich profanisierte Mythen, abenteuerliche Geschichten, Legenden, Anekdoten gesammelt; zu den magischen Gestalten hat sich die Personage des bäuerlichen Lebens gesellt (z. B. der Gewitzte und der Dummkopf). Es hat sich ein dichtes und komplexes Magma herausgebildet, ein Flechtwerk aus Hunderten Farben, dessen wichtigster Strang jedoch nach Propp der soeben dargestellte ist.

Eine Theorie kann ebenso viel taugen wie eine andere, und vielleicht ist gar keine imstande, eine vollständige Erklärung der Märchen zu liefern. Die von Propp ist jedoch von besonderem Reiz, weil sie eine tiefe Bindung – manch einer wird sagen, auf der Ebene des »Kollektiven Unbewussten« – zwischen dem prähistorischen Jüngling, der die Riten der Initiation erlebte, und dem historischen Kind herstellt, das eben vermittels des Märchens seine erste Einführung in die menschliche Gesellschaft erlebt. Die Identifikation zwischen dem kleinen Zuhörer und dem Däumling aus dem Märchen, das ihm die Mutter erzählt, erfährt im Lichte dieser Theorie nicht nur eine psychologische, sondern eine viel tiefergehende, im Dunkel des Blutes begründete Rechtfertigung.

Bei der Analyse der Struktur des Volksmärchens – mit besonderem Augenmerk auf das russische Volksmärchen (das im Übrigen weitgehend demselben indoeuropäischen Erbe angehört wie die deutschen oder die italienischen Märchen) – hat Propp drei Prinzipien herausgearbeitet:

1. »die konstanten, stabilen Elemente des Märchens sind die Funktionen der Gestalten, unabhängig vom Ausführenden und von der Art der Ausführung«;

2. »die Zahl der Funktionen in den Zaubermärchen ist begrenzt«;
3. »die Abfolge der Funktionen ist immer gleich«;

Propps System umfasst einunddreißig Funktionen, diese reichen einschließlich ihrer Varianten und Binnenausformungen aus, die Gestalt der Märchen zu beschreiben:

1. Entfernung
2. Verbot
3. Verstoß
4. Nachforschung
5. Denunziation
6. Hinterhalt
7. Mitwisserschaft
8. Schädigung (oder Versäumnis)
9. Vermittlung
10. Zustimmung des Helden
11. Aufbruch des Helden
12. Prüfung des Helden durch den Spender
13. Reaktion des Helden
14. Lieferung des Zauberinstruments
15. Ortswechsel des Helden
16. Kampf zwischen dem Helden und seinem Gegenspieler
17. der gezeichnete Held
18. Sieg über den Gegenspieler
19. Abwendung des Unglücks oder Versagen wie am Beginn
20. Rückkehr des Helden
21. seine Verfolgung
22. der Held rettet sich
23. der Held kehrt unerkannt nach Hause zurück

24. Ansprüche des falschen Helden
25. dem Helden wird eine schwere Aufgabe auferlegt
26. Ausführung der Aufgabe
27. Anerkennung des Helden
28. Entlarvung des falschen Helden oder des Gegenspielers
29. Verwandlung des Helden
30. Bestrafung des Gegenspielers
31. Hochzeit des Helden

Selbstverständlich sind nicht in *allen* Märchen alle Funktionen enthalten: im obligatorischen Handlungsablauf kommt es zu Sprüngen, Ergänzungen und Synthesen, die jedoch der allgemeinen Linie nicht widersprechen. Ein Märchen kann mit der ersten, mit der siebenten oder mit der zwölften Funktion beginnen, aber sofern es sich um ein wirklich altes Märchen handelt – wird es schwerlich auf das Vorige zurückgreifen, um die vergessenen Teile noch einzubringen.

Die Funktion der »Entfernung«, die Propp an die erste Stelle setzt, kann von einer Gestalt wahrgenommen werden, die sich aus irgendeinem Grunde von zu Hause entfernt: ein Prinz, der in den Krieg zieht, ein Vater, der stirbt, ein Elternteil, das zur Arbeit geht (und den Kindern einschärfte, – das ist das »Verbot« – niemandem die Tür zu öffnen, eine bestimmte Sache nicht zu berühren), ein Kaufmann, der sich in geschäftlichen Angelegenheiten auf die Reise begibt. Jede Funktion kann ihr Gegenteil einschließen: das »Verbot« kann als positiver Befehl erscheinen.

Wir wollen mit unseren Betrachtungen über Propps »Funktionen« nun nur noch dazu anregen, dass ein jeder, der Lust dazu verspürt, übungshalber einmal deren Abfolge mit dem roten Faden eines beliebigen Films über die Unternehmungen des Agenten 007 vergleicht: er würde verblüfft sein, wie viele Funktionen er in fast der gleichen Reihenfolge wiederfindet, so sehr ist die Märchenstruktur in unserer Kultur lebendig und beharrlich präsent. Viele Abenteuerbücher folgen dem gleichen Schema. Uns interessieren die »Funktionen«, weil wir sie nutzen können, um unendliche Geschichten zu konstruieren, wie man mit zwölf Noten zahllose Melodien komponieren kann (unter Vernachlässigung der Vierteltöne und bei steter Beschränkung auf das begrenzte musikalische System des Westens vor Entstehung der elektronischen Musik).

In Reggio Emilia haben wir diese Funktionen, um ihre Produktivität auszuprobieren, kraft eigener Entscheidung auf zwanzig reduziert, indem wir einige ausgeklammert und andere durch Hinweise auf entsprechende Märchenthemen ersetzt haben. Zwei befreundete Maler haben zwanzig »Karten« zum Spielen gezeichnet, von denen jede durch ein Wort (der allgemeine »Titel« der Funktion) und eine symbolische oder karikierende Illustration gekennzeichnet war, die sich auf das Thema bezog: »Verbot«, »Verstoß«, »Schädigung oder Versäumnis«, »Aufbruch des Helden«, »Auftrag«, »Begegnung mit dem Spender«, »Zaubergeschenke«, »der Gegenspieler erscheint«, »Teuflische Fähigkeiten des Gegners«, »Zweikampf«, »Sieg«, »Rückkehr«, »Ankunft zu Hause«, »der falsche Held«, »schwierige Prüfungen«, »wiedergutgemachter Schaden«, »Anerkennung des Helden«, »Entlarvung des falschen Helden«, »Bestrafung des Gegenspielers«, »Hochzeit«.

Anschließend war eine Gruppe damit beschäftigt, eine Geschichte zu produzieren, die auf den zwanzig »Propp-Karten« beruhte; mit großem Spielraum, wie man sagen muss, und mit bemerkenswerten parodistischen Resultaten.

Ich habe dann festgestellt, dass die Kinder mit Leichtigkeit ein Märchen produzieren, wenn sie der Spur der Karten folgen, weil jedes Wort der Reihe (»Funktion« oder »Märchenthema«) voller Bedeutungen in Bezug auf das Märchen steckt und sich zu einem endlos variierbaren Spiel anbietet. Ich erinnere mich an eine originelle Interpretation des »Verbotes«: Ein Vater entfernt sich von zu Hause und verbietet den Kindern, vom Balkon Blumentöpfe auf die Köpfe der Passanten zu werfen ... Und unter »den schweren Prüfungen« fehlte nicht die Verpflichtung, sich um Mitternacht auf einen Friedhof zu begeben: das Höchstmaß an Schrecken und Mut bis zu einem bestimmten Alter.

Den Kindern gefällt es jedoch, die Karten zu mischen und selbst Regeln aufzustellen; auf gut Glück drei Karten zu ziehen und eine vollständige Geschichte aufzubauen; von der letzten Karte der Reihe auszugehen; das Kartenspiel zwischen zwei Gruppen zu teilen und im Wettstreit zwei Geschichten zu erfinden. Oft genügt eine Karte, um ein Märchen zu suggerieren. Die Karte der »Zaubergeschenke« genügte einem Schüler der vierten Klasse, um die Geschichte von einem Federhalter zu erfinden, der die Hausaufgaben von selbst machte.

Jeder kann sich selbst ein Spiel von Propp-Karten, nach Belieben aus 20, 31 oder 50 Karten bestehend, zusammenstellen. Es genügt, auf jede Karte die »Funktion« oder das »Thema« zu schreiben; die Illustration ist nicht unbedingt erforderlich. Das Spiel kann nur irrtümlicherweise in die Nähe des Puzzles oder der Denksportaufgabe geraten, in dem zwanzig oder tausend ungeordnete Teile einer einzigen Zeichnung vorliegen und die Aufgabe darin besteht, den einen Entwurf wieder mosaikartig zusammenzusetzen. Die »Propp-Karten« hingegen gestatten, wie schon gesagt, die Konstruktion einer unendlichen Anzahl von Bildern, weil jedes einzelne Stück nicht nur eine Bedeutung hat, sondern vielen Bedeutungen offensteht.

Warum soll man nun ausgerechnet die »Propp-Karten« benutzen und nicht andere erfundene Karten, zufällig zusammengestellte Bilder oder eine Serie von Wörtern aus dem Wörterbuch? Der Grund liegt für mich klar auf der Hand: jede »Propp-Karte« stellt nicht nur sich selbst dar, sondern für Kinder, die mit den Märchen, mit ihrer Sprache und ihren Motiven ein wenig vertraut sind, bilden sie einen ganzen Querschnitt der Märchenwelt, ein Gewimmel phantastischer Echos.

Außerdem ist jede »Funktion« reich an Bezügen zur persönlichen Welt des Kindes.

Es liest »Verbot«, und das Wort stellt den unmittelbaren Kontakt zu der Erfahrung her, die es mit den familiären »Verboten« hat (»fass das nicht an«, »plansch nicht mit Wasser«, »lass den Hammer liegen«). Aufs Neue erlebt es unbewusst die ersten Augenblicke seiner Beziehung zu den Dingen, als allein das mütterliche Ja oder Nein ihm halfen, zwischen erlaubt und unerlaubt zu unterscheiden. »Verbot« ist für das Kind der Zusammenprall mit der Autorität oder dem Autoritären der Schule. Aber es ist auch im Positiven die Entdeckung des Gesetzes im Spiel: dieses tut man und jenes nicht (»Verbot« und »Ordnung« sind funktionell gleichwertig); die Begegnung mit den Grenzen, welche in Wirklichkeit oder die Gesellschaft der kindlichen Freiheit auferlegen; eines der Instrumente der Sozialisierung des Kindes.

Die Struktur des Märchens ist – wenn wir Propp folgen – nicht nur den Initiationsriten nachgebildet, sie wiederholt sich gewissermaßen auch in der Struktur der kindlichen Erfahrung, die eine Abfolge von Aufträgen und

Zweikämpfen, von schwierigen Prüfungen und Enttäuschungen auf bestimmten unvermeidlichen Lebensabschnitten darstellt. Das Kind verfügt sogar über die Erfahrung der Zaubergeschenke, nämlich die des Weihnachtsmannes und des Christkindes. Und lange Zeit waren die Eltern für das Kind märchenhafte allmächtige Spender (dazu hat Alain sehr Schönes bemerkt). Im Laufe der Zeit hat das Kind sein Universum mit mächtigen Verbündeten und teuflischen Feinden bevölkert.

Mir scheint, dass die »Funktionen« der Märchen dem Kind auf bestimmte Weise helfen, Einsicht in sich selbst zu nehmen. Und sie sind auf der Stelle abrufbereit, bestens bewährt, leicht zu handhaben: sie wegzuwerfen, erschiene mir als widersinnige Vergeudung.

Diesem schon viel zu langen Kapitel möchte ich noch zwei Bemerkungen hinzufügen.

Die erste bezieht sich auf eine Feststellung, die Wladimir Propp trifft, wenn er in den russischen Märchen die Abwandlung eines bestimmten Motivs erforscht. Er nimmt das Motiv der »Hütte auf Hühnerbeinen im Wald« und verfolgt es bis in alle konkreten Verästelungen seiner Abläufe: durch Reduzierung (das Hüttlein auf Hühnerbeinchen; die Hütte im Wald; die Hütte; der Wald); durch *Erweiterung* (das Hüttlein auf Hühnerbeinen im Wald mit Marzipanwänden und einem Lebkuchendach); durch *Vertauschung* (anstelle der Hütte erscheint eine Grotte oder ein Schloss); durch Verstärkung (ein ganzes Märchenland). Und man kann bemerken, wie Propp sich bei der Aufzählung der typischen Variationen fast derselben Termini bedient, mit denen Augustinus die Arbeit der Imagination beschreibt, die ihm zufolge darin besteht, »die Bilder anzuordnen, zu vervielfältigen, zu reduzieren, zu erweitern, zu ordnen, auf beliebige Weise neu zusammenzusetzen« …

Die zweite Anmerkung bildet eine Erinnerung. Im Hause von Antonio Faeti (einem malenden Lehrer und Autor des ungewöhnlichen Bandes *Figuren betrachten*), habe ich eine Serie großformatiger Bilder gesehen, die Propps »Funktionen« gewidmet waren. Jedes von ihnen stellt eine Erzählung dar, die sich auf verschiedenen Ebenen abspielt und deren Held ein Kind mit seinen Phantasien, seinen Komplexen, den Schichtungen seines Unbewussten ist, aber auch der Mensch und seine Abenteuer, ebenso der Maler und seine Kultur. Es sind bedeutungsträchtige, mit Bildern, Anspielungen, Zitaten ausgefüllte Tafeln, die ihre Fühler ebenso zu den volkstümlichen Bilderbogen wie zum Surrealismus ausstrecken. Es sind die »Propp-Karten« eines Künstlers, der in den Märchen eine Welt liebt, die außerordentlich reich ist und törichterweise ins Abseits gedrängt wurde. Jedes Bild sagt überaus viel über Dinge aus, die nur mit einem Zuviel an Worten gesagt werden könnten, und andere, die man mit Worten nicht sagen kann.

Franco Passatores »Tischlein-deck-dich-mit-Karten«

Was ich im vorigen Kapitel sagte, um die Bedeutung der Volksmärchen für die phantastischen Spiele zu betonen, heißt nicht, dass sie obligatorisch verwendet werden müssten. Neben den »Propp-Karten« können weitere existieren, anders, aber nicht weniger produktiv.

Um das zu verdeutlichen, möchte ich das wunderschöne Spiel anführen, das Franco Passatore mit seinen Freunden von der Gruppe »Teatro-Gioco-Vita« (Theater-Spiel-Leben) erfunden hat, sie nennen es: »Tischlein-deck-dich-mit-Karten«. Das Spiel wird in dem Band *Ich war der Baum (du das Pferd)* von Franco Passatore, Silvio De Stefanis, Ave Fontana und Flavia De Lucis in dem Kapitel »Vierzig und mehr Spiele, um die Schule zu erleben« beschrieben:

> Das Spiel besteht darin, eine kollektive Geschichte zu erfinden und zu illustrieren; angeregt werden kann sie von einem eigens dafür geschaffenen Kartenspiel, das der Animator vorbereitet hat. Auf etwa fünfzig Pappkarten werden aus Zeitungen und Zeitschriften ausgeschnittene Figuren und Bilder aufgeklebt. Es entsteht immer wieder eine neue Leseart dieser Bilder, weil jede einzelne Karte des Kartenspiels mit der vorausgehenden lediglich durch freie Assoziationen von Ideen oder zumindest durch ein Spiel der Phantasie verbunden werden kann. Der inmitten des Kreises der Kinder sitzende Animator lässt von einem Kind auf gut Glück eine Karte ziehen: das Kind muss sie mit Worten interpretieren und setzt so den Anfang zu der kollektiven Geschichte. Seine Exposition benutzt es, um den ersten Teil der Geschichte auf einem Stück weißer Pappe (mit einer Zeichnung oder mit einer Collage) zu illustrieren, sein Nachbar setzt die Geschichte fort, indem er die nächste Karte zieht und interpretiert, sie mit der vorausgegangenen Episode verbindet und den Handlungsverlauf mit einer Zeichnung oder einer Collage in Anlehnung an die vorige illustriert. Das Spiel geht so bis zum letzten Kind weiter, das die Aufgabe hat, die Geschichte abzuschließen. Das Ergebnis ist ein langer, von allen Kindern illustrierter Fries, auf dem sie ihre kollektive Geschichte visuell nachverfolgen können.

Im Buch wird dieses Spiel als Titel einer noch aufzuführenden Inszenierung dargestellt. Zur Stunde, hoffe ich, werden Hunderte Kinder bereits das »Tischlein-deck-dich-mit-Karten« begonnen und den Animatoren ausreichendes Material zum Nachdenken angeboten haben.

Ich halte das für ein wunderschönes Spiel. So schön, dass ich wünschte, es selbst erfunden zu haben. Aber ich bin nicht neidisch auf Franco Passatore und seine Freunde. Ich habe sie während eines Pressefestes der *Unità* in Rom bei der Arbeit gesehen. Sie kennen eine große Anzahl von Erfindungsspielen und verfügen über eine dutzendfach in Versuchen erprobte Technik der Animation. Sie geben zum Beispiel den Kindern drei verschiedene Gegenstände – eine Kaffeekanne, eine leere Flasche, eine Hacke – und fordern sie auf, sich damit eine kleine Szene auszudenken und darzustellen. Es ist fast so, als sollte man eine Geschichte aus drei Wörtern erfinden, aber natürlich viel besser: weil die Gegenstände der Phantasie eine wesentlich festere Stütze bieten als Worte: man kann sie betrachten, anfassen, handhaben und daraus zahlreiche phantastische Einfälle ziehen – die Geschichte kann aus einer zufälligen Geste entstehen, aus einem Geräusch ... Der kollektive Charakter des Einfalls muss überdies stimulierend wirken: es kommen unterschiedliche Erfahrungen, persönliche Erinnerungen und Rhythmen, die kritische Funktion der Gruppe ins Spiel, und sie prallen in schöpferischer Weise aufeinander.

Die Gruppe »Theater-Spiel-Leben« glaubt an die Gegenstände. Oft, wenn die Kinder zeichnen sollen, bekommt jedes von ihnen eine geheimnisvolle Schachtel, in der sich ein Wattebausch befindet, der nach Benzin riecht, ein Bonbon, oder etwas, das nach Schokolade riecht. Die Inspiration kann auch von der Nase angeregt werden.

In den Spielen der »Gruppe« sind die Kinder gleichzeitig Autoren, Schauspieler und Zuschauer all dessen, was vor sich geht. Die Situation befruchtet ihre Kreativität in jedem Augenblick und in mannigfaltigen Richtungen.

Verschlüsselte Märchen

Zu Ehren des Spiels »Tischlein-deck-dich-mit-Karten« haben wir für einen Augenblick die Volksmärchen beiseitegelassen. Kehren wir jetzt zu ihnen wegen einer letzten technischen Anwendung zurück. Vielleicht hätte man darüber sprechen sollen, bevor wir uns mit den Propp'schen »Funktionen« beschäftigten. Das hätte besser der Regel entsprochen. Aber in jede Grammatik gehören ein paar Unregelmäßigkeiten. Andererseits kann die Technik, zu der ich jetzt kommen werde, sehr gut auf die »Propp-Karten« angewendet werden, und die Karten tragen dazu bei, sie verständlicher zu machen.

Innerhalb jeder märchenhaften »Funktion« sind, wie bereits gesagt, unendliche Variationen möglich. Die Technik der Variation ist jedoch auf das ganze Märchen anwendbar, das wiederum von einer denkbaren Tonart zur anderen moduliert und transponiert werden kann.

Das phantastische Thema möge sein: Erzählt die Geschichte des Rattenfängers von Hameln und siedelt sie im Rom des Jahres 1973 an.

Die Einführung dieses Schlüssels (oder, wenn man so will, eines doppelten Schlüssels – der Zeit und des Ortes) zwingt uns, den Punkt des alten Märchens zu suchen, bei dem die Modulation einsetzen kann. Ein Rom des Jahres 1973, das von Ratten überschwemmt wird, könnte man sich sogar vorstellen, ohne ganz ins Absurde zu verfallen. Aber es würde wohl nicht viel bringen. Rom ist tatsächlich überschwemmt, aber nicht von Ratten, sondern von Autos, die die Straßen verstopfen, die all und jeden Platz ersticken, auf die Bürgersteige überschwappen, den Fußgängern den Platz rauben und die Kinder am Spielen hindern. So verfügen wir über eine phantastische Hypothese, die in das Raster des Märchens einen großen Anteil Realität einbringt, und das ist das Beste, was wir uns wünschen können. Hier nun ein Ausschnitt aus der Geschichte nach dem neuen Schlüssel:

> Rom ist von Autos überflutet (und hier wäre es eine nützliche Übung, die Überflutung in märchenhaften Worten zu beschreiben, mit Parkplätzen bis zur Kuppel von Sankt Peter, aber dafür haben wir keine Zeit). Der Bürgermeister verspricht demjenigen, der Abhilfe schafft, eine Belohnung und die eigene Tochter zur Frau. Es erscheint ein junger Musikant, wie sie in Rom um die Weihnachtszeit mit dem Dudelsack herumziehen. Er wird die römische Metropole von den Autos befreien, wenn der Bürgermeister seinerseits verspricht, dass die größten Plätze der Stadt den Kindern zum Spielen vorbehalten bleiben. Die Abmachung wird getroffen. Der Musikant stimmt sein Liedchen an. Aus jedem Winkel, jeder Ecke, jedem Stadtviertel, aus den Vorstädten folgen ihm die Autos … Er schlägt den Weg in Richtung Tiber ein … Die Autobesitzer machen fast einen Aufstand (und letzten Endes sind die Autos ja Frucht menschlicher Arbeit, sie zu vernichten, ist eine schlechte Sache). Der Pfeifer sieht das ein, schlägt eine andere Straße ein, die unter die Erde führt. Die Autos können weiter fahren und parken, aber un-

ter der Erde, und überlassen die Straßen und Plätze oben den Kindern, den Bankangestellten, den Obstverkäufern ...

Wir haben uns bereits im Kapitel über die »durchgepausten Märchen« ein Aschenbrödel im »interplanetaren Schlüssel«, Hänsel und Gretel im »Mailänder Schlüssel« vorgestellt. Dem Anschein nach dürfte es keine Grenzen für die Erfindung neuer »Schlüssel« geben. In Wirklichkeit ließen sie sich alle oder fast alle unter dem Dachbegriff der Kategorien von Zeit und Raum zusammenfassen.

Das alte, im neuen »Schlüssel« gespielte Märchen wird, wenn es sich für die neue Ausführung eignet, unerwartete Töne hervorbringen. Es kann sogar eine »Moral« haben, die wir akzeptieren, wenn sie organisch und authentisch ist, ohne dass wir aber jemals versuchen, ihm eine Moral durch einen Willensakt aufzuzwingen.

In einer Mittelschule, die nach der bürokratischen Begegnung mit Manzonis *Die Verlobten* ziemlich trübselig wirkte (Nacherzählen, Satzzergliederungen, Abfragen, Aufsätze), hatten die Schüler meinen Vorschlag, eine Neufassung des Romans im modernen Gewand zu versuchen, zunächst mit wenig Begeisterung aufgenommen. Nachdem sie aber unerwartet und einhellig Identitäten zwischen Manzonis Landsknechten und den Nazis und damit Möglichkeiten des Spiels entdeckt hatten, engagierten sie sich sehr ernsthaft.

Nach dem neuen »Schlüssel« ist Lucia ebenfalls Textilarbeiterin in der lombardischen Provinz. Der gewählte Zeitraum aber, das Jahr 1944, während der Besetzung durch die Nazis, zwang Renzo in den Untergrund zu gehen, um sich der Gefahr zu entziehen, zur Zwangsarbeit nach Deutschland deportiert zu werden. Die Pest hatte die

Gestalt der Bombenangriffe angenommen. Der örtliche Potentat, der Lucia belästigte, war kein anderer als der Befehlshaber der Ortsgruppe der »Schwarzen Brigaden«. Don Abbondio war immer er selbst, ewig zwischen Partisanen und Faschisten, zwischen Arbeitern und Herren, zwischen Italienern und Fremden hin- und hergerissen. Der Ungenannte war ein Großindustrieller aus der Region, einst Stütze des Regimes, der während der Okkupation in seiner Villa Flüchtlinge und Kriegsgeschädigte beherbergte …

Ich glaube nicht, dass Alessandro Manzoni, falls zufällig anwesend, Grund gehabt hätte, sich über den Einsatz seiner Personen durch die Schüler beleidigt zu fühlen. Vielleicht hätte er ihnen geholfen, bestimmte Analogien feinfühlig zu begreifen. Und er allein hätte Don Abbondio die Redewendungen einflößen können, die der neuen Situation entsprachen.

Das Glasmännlein

Ist eine Gestalt einmal vorgegeben, eine tatsächliche (wie die Geschenke bringende Hexe Befana oder der kleine Däumling) oder eine erfundene (wie das Glasmännlein, das mir als Erstes einfällt), so können ihre Abenteuer logisch aus ihren Wesenszügen abgeleitet werden. Ist mit »logisch« hier jedoch eine *phantastische Logik* oder eine *logische Logik* gemeint? Ich weiß es nicht. Vielleicht beide.

Nehmen wir eben drum einen Mann aus Glas. Er muss handeln, sich bewegen, Beziehungen herstellen, Unliebsames erleiden, Geschehnisse auslösen, indem er lediglich der Natur der Materie gehorcht, aus der wir ihn uns gemacht denken.

Die Analyse dieser Materie wird uns die Gesetze der Gestalt liefern.

Glas ist durchsichtig. Der Mann aus Glas ist durchsichtig. Man kann seine Gedanken in seinem Kopf ablesen. Er braucht nicht zu sprechen, um sich mitzuteilen. Er kann nicht lügen, weil man die Lügen sofort sehen würde, außer wenn er einen Hut trüge. Ein hässlicher Tag im Lande der Glasmenschen, an welchem die Hutmode aufkommt, d. h. die Mode, die Gedanken zu verbergen.

Glas ist zerbrechlich. Das Haus des Mannes aus Glas muss also völlig gepolstert sein. Die Bürgersteige sind mit Matratzen ausgelegt. Händedruck ist verboten (!). Verboten sind schwere Arbeiten. Der eigentliche Arzt im Ort ist der Glaser.

Glas kann eingefärbt werden. Es ist abwaschbar. Und so weiter. In meinem Lexikon sind dem Glas vier große Seiten gewidmet, und fast in jeder Zeile stößt man auf ein Wort, das seinen Sinn aus der Geschichte der Glasmenschen nehmen könnte. Schwarz auf weiß steht es da, neben allen möglichen Informationen aus der Chemie, der Physik, der Industrie, der Warenkunde, ohne es zu ahnen: aber sein Platz in einem Märchen ist gesichert.

Die Gestalt aus Holz muss sich vor Feuer hüten, weil es ihr die Füße verbrennen kann, sie schwimmt ohne Weiteres auf Wasser, ihre Faust ist hart wie ein Stock, wenn man sie aufhängt, stirbt sie nicht, die Fische können sie nicht fressen: alle diese Dinge stoßen folgerichtig Pinocchio zu, weil er aus Holz ist. Wäre Pinocchio aus Eisen, würden ihm ganz andere Abenteuer widerfahren.

Ein Mann aus Eis, aus Speiseeis oder aus Butter kann nur in einem Kühlschrank leben, andernfalls würde er zerfließen. Seine Abenteuer bewegen sich zwischen dem »Freezer« und dem frischgehaltenen Salat.

Einen Mann aus Durchschlagpapier erwarten ganz andere Abenteuer als einen aus Marmor, aus Stroh, Schokolade, Plast, Rauch, Mandelteig.

Pianoforte-Bill

Nicht anders als unsere Männlein aus Glas oder Stroh bewegen sich die Gestalten der Comics, eine jede folgt der Logik des Attributs, das sie von den anderen unterscheidet und das hinreicht, sie mit immer neuen Abenteuern oder immer demselben Abenteuer zu konfrontieren, was sich in Variationen und Modifikationen bis ins Unendliche fortsetzt. Das Attribut ist in diesem Falle nicht physischer, sondern anderer Natur, im Allgemeinen moralisch.

Angesichts des Charakters von Dagobert – sehr reich, geizig und ein Aufschneider – und angesichts des Charakters seiner Mit- und Gegenspieler, kann sich jedermann mühelos hunderttausend Geschichten von ihm ausdenken. Die wirkliche Erfindung dieser »fortsetzungshaften« Figuren geschieht ein einziges Mal: der Rest ist bestenfalls Variation, schlimmstenfalls eine Formel, Ausbeutung bis zum äußersten, Serienproduktion.

Nachdem die Kinder ein Dutzend oder ein gutes Hundert Geschichten von Dagobert (eine immerhin vergnügliche Beschäftigung) gelesen haben, sind sie absolut imstande, selbst weitere zu erfinden. Nach Erfüllung ihrer Pflicht als Konsumenten sollten sie in die Lage versetzt werden, schöpferisch zu wirken. Schade, dass wenige daran denken.

Einen Comic zu erfinden und zu zeichnen ist alles in allem eine weitaus nützlichere Beschäftigung, als einen Aufsatz über den Muttertag oder den Tag der Bäume zu schreiben. Der Comic erfordert: die Idee zu einer Geschichte, ihre »Ausführung«, ihre zeichnerische Strukturierung und Gliederung, die Erfindung der Dialoge, die körperliche und moralische Charakterisierung der Personen usw. Alles Dinge, die die Kinder bisweilen, wenn sie intelligent sind, von sich aus mit Vergnügen machen. In der Schule dagegen bekommen sie eine Vier in Italienisch.

Manchmal kann sich das Hauptattribut der Gestalt in einem Gegenstand verkörpern, z. B. die Spinatbüchse bei Popeye.

Denken wir uns ein Zwillingspaar, Marco und Mirko mit Namen, die immer mit einem Hammer bewaffnet herumziehen und sich lediglich dadurch unterscheiden, dass Marcos Hammer einen weißen und Mirkos Hammer einen schwarzen Griff hat. Ihre Abenteuer sind dadurch schon vorgegeben, sei es, dass sie auf einen Dieb stoßen, sei es, dass ein Gespenst sie aufsucht, ein Vampir, ein Werwolf. Aus den Hämmern kann man folgern, dass sie immer die Stärkeren bleiben. Sie sind frei von Angst und Hemmungen geboren, draufgängerisch, auf gerechten Protest eingeschworen in einem Kampf ohne Pardon (jedoch sicher mit vielen Zweideutigkeiten) gegen jegliche Art von Ungeheuern.

Achtung: Ich habe *Hämmer* und nicht *Gummiknüppel* geschrieben. Es darf sich keinesfalls um zwei kleine Neofaschisten handeln …

Der starke ideologische Gehalt der Idee – mir sei auch diese Abschweifung erlaubt – sollte nicht in die Irre führen. Er ist nicht programmiert worden, sondern von selbst entstanden. Einmal erwog ich, etwas über die Zwillinge meines Freundes Arturo zu schreiben, die Marco und Amerigo heißen. Ich schrieb ihre Namen auf ein Blatt Papier, und fast ohne es zu merken, änderte ich sie ab, als ersten Ansatz zu einer Verarbeitung: so erhielt ich die Namen Marco und Mirko, viel symmetrischer, ich würde sagen, viel zwillingshafter als ihre Originale. Das Wort *martello* (Hammer) – das sich als drittes einstellte – war offensichtlich eine Folge der Silbe *mar* von Marco, die durch das *mir* von Mirko teils Widerspruch erfuhr, teils verstärkt wurde. *Martelli* im Plural zwang sich nicht so sehr durch eine logische Erwägung als durch den Reim mit *gemelli* (Zwillinge) auf, der nicht artikuliert wurde, aber präsent war. So hatte ich das Bild eines mit Hämmern ausgerüsteten Zwillingspaares. Der Rest war Ableitung.

Es gibt auch Figuren, die sich schlicht durch ihren Namen »ergeben«. Das sind der Pirat, der Bandit, der Pionier, der Indianer, der Cowboy.

Wenn wir einen neuen Cowboy erfinden wollen, müssen wir nach dem ihm eigenen Attribut mit großer Sorgfalt suchen. Oder nach seinem Tick. Oder nach dem für ihn charakteristischen Gegenstand.

Ein »mutiger« Cowboy? Das ist banal. Ein »Buschklepper« ist abgegriffen. Einer, der Gitarre oder Banjo spielt, ist nichts Besonderes. Suchen wir eine Variante unter den Instrumenten. Ein Cowboy, der Klavier spielt, ist schon vielversprechender ... Aber vielleicht wäre es gut, dass er das Klavier immer bei sich trüge, auf einem Sattelpferd ...

> Heißt er Pianoforte-Jack oder Billy The Piano? Er ist ständig unterwegs mit zwei Pferden: er auf dem ersten, das Klavier auf dem zweiten. Einsam zieht er durchs Tolfa-Gebirge. Wenn er das Lager aufschlägt, hievt er das Klavier auf die Erde und spielt das Wiegenlied von Brahms oder Beethovens Variationen über einen Walzer von Diabelli. Die Wölfe und die Wildschweine kommen von weither, um zuzuhören. Die musiklieben-

den Kühe geben mehr Milch. In den unvermeidlichen Zusammenstößen mit Banditen oder Sheriffs braucht Pianoforte-Jack keine Pistole: er jagt seine Feinde mit den Fugen von Bach, mit atonalen Dissonanzen, mit Stücken aus Béla Bartóks *Mikrokosmos* in die Flucht. Und so weiter.

Essen und »essen spielen«

»Die Entwicklung der Bewusstseinsprozesse«, schreibt L. S. Wygotzki (in »Gedanke und Sprache«, Bologna 1967), »nimmt mit einem Dialog aus Worten und Gesten zwischen dem Kind und den Eltern seinen Anfang. Das selbständige Denken beginnt, wenn das Kind das erste Mal imstande ist, diese Gespräche zu verinnerlichen und in seinem Innern einzuordnen.«

Nachdem ich zahlreiche andere Zitate verworfen hatte, entschied ich mich für dieses, um damit einige Betrachtungen über »häusliche Phantasie« einzuleiten, die ihre Anstöße aus der mütterlichen Sprache nimmt, weil ich glaube, dass Wygotzki klar und einfach sagt, was andere unter größtem Aufwand sagen und schreiben, ohne sich doch verständlich zu machen.

Der Dialog, von dem der sowjetische Psychologe spricht, ist in erster Linie ein Monolog des Vaters oder der Mutter, der aus zärtlichen Lauten, ermutigendem Zuspruch und Lächeln besteht, aus kleinen Ereignissen, die von Mal zu Mal das Wiedererkennen, die Überraschung, die allumfassende Antwort eines Strampelns, die vorsprachliche Musik eines Lallens fördern. Die Mütter vor allem werden nicht müde, mit dem Kind zu sprechen, von den ersten Lebenswochen an, als wollten sie es in einem Schoß zärtlicher, warmer Worte eingehüllt bewahren. Sie verhalten sich spontan so, als hätten sie gelesen, was Maria Montessori über das »absorbierende Bewusstsein« des Kindes sagt, das gewissermaßen durch »Absorption« die Sprache und alle Signale der Außenwelt verinnerlicht.

»Es begreift nichts, aber es ist zufrieden: also geschieht etwas«, entgegnete eine Mutter dem rational überbetonten Kinderarzt, die zu dem Kind in der Wiege wie zu einem richtigen Erwachsenen sprach. »Irgendwie hört es mir zu.«

»Es hört dir nicht zu, es sieht dich an und ist zufrieden, weil du da bist und dich mit ihm beschäftigst.«

»Irgendetwas versteht es, irgendetwas geschieht«, hielt die Mutter dem Arzt entgegen.

Eine Stimme und ein Gesicht miteinander in Verbindung zu bringen, ist eine Leistung, es ist Ergebnis einer elementaren Verstandestätigkeit. Wenn die Mutter mit dem Kind spricht, das noch nicht verstehen kann, tut sie ebenfalls etwas Nützliches, nicht nur, weil sie ihm ihre Nähe, ihre schützende und wärmende Gegenwart zuteilwerden lässt, sondern weil sie seinen »Hunger nach Reizen« befriedigt.

Die Worte der Mutter sind oft bilderreich, poetisch, sie verwandeln das Ritual des Badens, des Umziehens, des Breiessens in ein Spiel zu zweit, indem sie die Gesten mit ständigen Erfindungen begleiten.

»Ich bin sicher, dass es lacht, wenn ich ihm die Schuhchen auf die Hände statt auf die Füße streife.«

Ein sechs Monate altes Kind empfand großen Spaß, wenn die Mutter beim Füttern so tat, als steckte sie sich den Löffel Kindernahrung ins Ohr. Es verlangte freudig strampelnd die Wiederholung der Szene.

Einige dieser Spiele sind durch die Tradition institutionalisiert worden. Es ist zum Beispiel sehr verbreitet, das Kind beim Breiessen dadurch anzuspornen, dass es einen Löffel »für die Tante«, einen »für die Oma« usw. nimmt. Ein keineswegs so vernünftiger Brauch, wie ich mit folgendem Kinderreim bewiesen zu haben glaube:

Einen Löffel für Mama,
einen Löffel für Papa,
einen Löffel für Oma
in Oklahoma,
einen für die Tante
und den Onkel auch,
bis dem armen Kind
beinah platzte der Bauch.

Aber das Kind beteiligt sich, zumindest bis zu einem gewissen Alter, freiwillig an diesem Spiel, weil es seine Aufmerksamkeit weckt, seine Mahlzeiten mit Personen bevölkert, sodass sie fast zu einem »königlichen Mal« werden; das Spiel gibt dem Essen eine symbolische Bedeutung und löst es aus der Kette des täglichen erzwungenen Einerleis heraus. Essen wird zum ästhetischen Fakt, zum »Essen spielen«, zu einem »Aufführen der Mahlzeiten«. Auch das Anziehen oder das Ausziehen werden viel interessanter, wenn sie die Form des »Anziehenspielens«, des »Ausziehenspielens« annehmen. Und hier möchte ich Franco Passatore fragen, ob auf solche Vorgänge seine Definition »Theater-Spiel-Leben« ebenfalls zutrifft, aber ich habe seine Telefonnummer nicht ...

Die geduldigeren Mütter haben die Möglichkeit, jeden Tag die Wirksamkeit des Als-ob-Spielens bestätigt zu finden. Eine erzählte mir, ihr Kind habe sehr schnell begriffen, seine Kleider allein zuzuknöpfen, nachdem sie ihm eine Zeitlang beim Zuknöpfen die Geschichte von »Knöpfchen« erzählt hatte, das sein Häuschen suchte und es immer verfehlte, sodass es schließlich überglücklich war, wenn es endlich durch die Tür hineinschlüpfte. Sicher hat sie auch »Türchen« gesagt und somit einem gewissen Missbrauch der Diminutive gefrönt, von dem doch eher abzuraten ist. Aber der Vorgang ist schön und bedeutungsvoll und sagt manches über die Bedeutung der Imagination in der Erziehung aus.

Es ist wahrscheinlich ein Irrtum, zu glauben, dass die Geschichte von »Knöpfchen« ihren Reiz bewahren könnte, wenn sie aufgeschrieben und gedruckt würde: sie ist ein Teil eines kostbaren »Familienlexikons«, falls ich Natalia Ginzburg um den leihweisen Gebrauch dieses Ausdrucks bitten darf. Es hätte keinen Sinn mehr für das Kind, dieser Geschichte in einem Buch wiederzubegegnen, wenn es seit geraumer Zeit gelernt hat, völlig selbstverständlich mit den Knöpfen umzugehen, und wenn es vom bedruckten Papier viel gewichtigere Abenteuer erwartet.

Eine eingehendere Analyse der »mütterlichen Sprache« scheint mir unerlässlich für jemanden, der Geschichten für die Allerkleinsten, die noch zu klein für den kleinen Däumling sind, zu erfinden hat.

Geschichten bei Tisch

Die Mutter, die so tut, als ob sie sich den Löffel ins Ohr steckt, wendet, ohne es zu wissen, ein wesentliches Prinzip künstlerischen Schaffens an: sie »entfremdet« den Löffel aus der Welt des Banalen, um ihm eine neue Bedeutung zu verleihen. Ebenso macht es das Kind, das einen Stuhl benutzt, um Eisenbahn zu spielen oder in Ermangelung eines Bootes sein kleines Auto in der Badewanne schwimmen lässt oder einen Teddybären die Rolle eines Flugzeuges übernehmen lässt. Auf diese Weise verwandelte Andersen eine Nadel oder einen Fingerhut in eine Gestalt, die Abenteuer zu bestehen hat.

Geschichten für die Kleinsten kann man erfinden, wenn man die Gegenstände belebt, die sich beim Essen auf dem Tisch oder dem Klappstühlchen befinden. Und wenn ich hier einige Beispiele hinzufüge, dann nicht, um den Müttern beizubringen, wie Mütter sein sollen, Gott bewahre, sondern weil man niemals eine Behauptung aufstellen soll, ohne einen Beweis zu liefern. Darum also nur ein Minimum an Analyse:

> *Der Löffel.* Die bewusst falsche Geste der Mutter regt zu ähnlichen an. Der Löffel weiß nicht, wo er hin soll. Er bewegt sich auf das Auge zu. Er greift die Nase an und schenkt uns das Binom »Löffel-Nase«, das nicht unterschlagen werden sollte. »Es war einmal ein Mann mit einer Löffelnase. Er konnte keine Suppe essen, weil es seiner Löffelnase nicht gelang, den Mund zu finden …«
> Kehren wir das Binom um und variieren den zweiten Begriff. Wir kommen auf Wasserhahnnase, Pfeifennase, Lampennase …
> »Ein Mann hatte einen Wasserhahn als Nase. Das war sehr bequem: anstatt sich die Nase zu putzen, drehte er den Hahn auf und zu … Eines Tages hing ein Tropfen am Wasserhahn … (In dieser Geschichte findet das Kind eigene Erfahrungen wieder, die es zum Lachen bringen: die Beziehungen zur eigenen Nase sind nicht immer einfach.)

»Ein Mann hatte eine Tabakspfeifennase: er war ein starker Raucher ... Es war einmal eine Lampennase. Man konnte sie an- und ausknipsen, und sie leuchtete bei Tisch. Bei jedem Nieser explodierte die Glühlampe, und man musste sie auswechseln ...«

Nachdem der Löffel diese Nasengeschichten angeregt hat, die offenbar einen interessanten psychoanalytischen Hintergrund haben (und deshalb das Kind unmittelbarer berühren könnten als man annimmt), kann er zu einer selbständigen Gestalt werden. Er geht, läuft, springt, hat Liebesabenteuer mit einer Gabel. Sein Rivale ist ein furchtbares Messer. An diesem Punkt verdoppelt sich die Geschichte: auf der einen Seite folgt sie den realen Bewegungen des Löffels als Gegenstand oder provoziert sie; auf der anderen Seite schafft sie einen »Herrn Löffel«, in welchem sich der Gegenstand auf den bloßen Namen, der bildliche Vorstellungen zu wecken vermag, reduziert. »Herr Löffel war groß, spindeldürr und hatte einen dicken Kopf, der so schwer war, dass er sich nicht auf den Beinen halten konnte. Es war bequemer für ihn, auf dem Kopf zu gehen. So sah er die ganze Welt von unten und machte sich von ihr ein falsches Bild ...« Die Belebung wird zur Personifikation, wie in Andersens Geschichten.

Die Untertasse. Wenn man das Kind gewähren lässt, erfindet es spontan einen symbolischen Gebrauch. Es verwandelt sie in ein Auto, in ein Flugzeug. Warum es ihm verbieten? Was ist schon dabei, wenn hin und wieder eine Untertasse zerschlagen wird?

Wir, die wir so viel besser Bescheid wissen, sollten vielmehr das Spiel intensivieren ...

Die Untertasse fliegt. Sie fliegt zur Oma, zur Tante,

zum Papa in der Fabrik ... Was soll sie ihnen sagen? Was werden sie ihr sagen? Wir stehen auf, begleiten (mit der Hand) den Flug der Untertasse durch das Zimmer, während sie sich einem Fenster nähert, durch eine Tür fliegt, verschwindet, mit einem Bonbon oder mit einer eingewickelten »Überraschung« zurückkehrt ...
Die Untertasse ist ein Flugzeug, der Löffel der Pilot. Sie fliegt um die Lampe wie um eine Sonne. Sie kreist um die Welt: man braucht es ihr nur zu befehlen ...
Die Untertasse ist eine Schildkröte ... Sie ist eine Schnecke: die Tasse ist ihr Gehäuse. (Die Tasse überlassen wir jedoch dem Leser für seine Übungen.)

Der Zucker. In seine »primären Eigenschaften« zerlegt (er ist weiß, süßlich, wie Sand), bietet er uns drei Wege zur Erfindung: durch seine Farbe, seinen Geschmack, seine Form. Während ich das Wort »süß« schrieb, ging mir durch den Kopf, was geschehen würde, wenn es plötzlich keinen Zucker mehr auf der Welt gäbe. Alle süßen Sachen würden bitter werden, ohne Vorankündigung. Die Großmutter wollte ihren Kaffee trinken, er ist so bitter, dass sie glaubt, Salz statt Zucker hineingetan zu haben. Eine bittere Welt. Durch die Schuld eines bösen Zauberers. Des Zauberers Bittermann. (Ich schenke diese Gestalt dem, der sich als Erster meldet.)

Das Verschwinden des Zuckers gestattet mir an dieser Stelle, allerdings ohne Klammern, um ihm die angemessene Bedeutung zu geben, den Hinweis auf ein Verfahren einzuflechten, das ich das »phantastische Verschwinden« nennen möchte. Es besteht darin, alle Dinge dieser Welt nacheinander verschwinden zu lassen. *Die Sonne verschwindet* und geht nicht mehr auf: Die Welt liegt immer im Dunkeln ... *Das Geld verschwindet*: Tumulte an der Börse ... *Das Papier verschwindet*: die sorgfältig in Tüten abgepackten Erbsen rollen über die Erde ... Wenn wir einen Gegenstand nach dem anderen verschwinden lassen, kommen wir zu einer leeren Welt, einer Welt aus Nichts ...

> Es war einmal ein Männlein aus Nichts, das ging auf einer Straße aus Nichts, die ins Nichts führte. Es trifft eine Katze aus Nichts, die einen Schnurrbart aus Nichts hat, einen Schwanz aus Nichts, Krallen aus Nichts ...

Ich habe diese Geschichte bereits geschrieben. Ist sie nützlich? Ich glaube, ja. Das »Spiel vom Nichts« spielen die Kinder selbst, wenn sie die Augen schließen. Es dient dazu, den Dingen Gestalt zu verleihen, den Schein vom Sein zu trennen. Der Tisch bekommt eine außergewöhnliche Bedeutung genau in dem Augenblick, in dem ich, während ich ihn ansehe, sage: »Der Tisch ist weg.« Es ist, als sähe ich ihn zum ersten Mal, nicht, wie er beschaffen ist, das weiß ich schon, sondern um gewahr zu werden, dass er »da ist«, dass er »existiert«.

Ich bin überzeugt, dass das Kind ziemlich früh diese Beziehung zwischen »Sein« und »Nichtsein« zu ahnen beginnt. Manchmal könnt ihr es überraschen, wie es die Lider senkt, um die Dinge verschwinden zu lassen, es hebt sie wieder, um sie wieder auftauchen zu sehen, den Vorgang geduldig wiederholend. Der Philosoph, der sich über das Sein und das Nichts befragt und für diese respektablen und tiefen Begriffe die ihnen angemessene Großschreibung anwendet, greift im Grunde auf hoher Ebene dieses kindliche Spiel auf.

Rundreise in meiner Wohnung

Was ist ein Tisch für ein einjähriges Kind; unabhängig von dem Gebrauch, den die Erwachsenen von ihm machen? Er ist ein Dach. Man kann sich darunter zusammenkauern und sich als Herr des Hauses fühlen: eines Hauses nach Maß, nicht so groß und schrecklich wie das der Erwachsenen. Ein Stuhl ist interessant, weil man ihn hierhin und dorthin schieben kann, um die eigene Kraft auszuprobieren, man kann ihn umwerfen und hinter sich herziehen, auf ihm herumklettern. Man kann ihn schlagen, wenn er dich heimtückisch auf den Kopf gehauen hat: »böser Stuhl!«

Tisch und Stuhl, die für uns selbstverständlich und gewissermaßen unsichtbare Gegenstände sind, derer wir uns automatisch bedienen, sind für das Kind lange Zeit die Materialien vieldeutiger und mehrdimensionaler Erforschung, bei der sich Erkennen und Fabulierfreude, Erfahrung und Symbolwert die Hand reichen. Während das Kind lernt, die Oberfläche kennenzulernen, hört es nicht auf, mit den Gegenständen zu spielen und Hypothesen über sie aufzustellen. Unentwegt macht es von den positiven Gegebenheiten, die es speichert, einen phantastischen Gebrauch. So gehört es zu seiner Erfahrung, dass das Wasser läuft, wenn man den Hahn öffnet; das hindert das Kind aber nicht, gegebenenfalls zu glauben, dass »auf der anderen Seite« ein »Mann« ist, der Wasser in das Rohr gießt, damit es aus dem Hahn kommt.

Das Prinzip der »contradictio in adjecto« ist ihm unbekannt. Das Kind ist Wissenschaftler, aber auch Animist (»böser Tisch!«) und »Werkkünstler« (»da ist ein Mann, der Wasser in die Rohre gießt«). Alle diese Eigenschaften leben in ihm etliche Jahre miteinander in einem sich wandelnden Verhältnis.

Aus der Feststellung ergibt sich eine Frage: tun wir gut daran, dem Kind Geschichten zu erzählen, deren Helden die häuslichen Gegenstände sind, oder laufen wir Gefahr, es in seinem Animismus und seinem Werkkünstlerglauben auf Kosten seines wissenschaftlichen Geistes zu bestärken?

Ich gebe die Frage mehr aus Gewissenhaftigkeit denn aus Besorgnis wieder. Mit den Dingen zu spielen, dient dazu, sie besser kennenzulernen. Und ich sehe keinen Sinn darin, die Freiheit des Spiels einzugrenzen, weil das heißen würde zu leugnen, dass es die Funktionen der Bildung und Erkenntnisfähigkeit besitzt. Die Phantasie ist kein »böser Wolf, vor dem man Angst haben muss, auch kein Vergehen, das durch verbissene Überwachung pausenlos verfolgt werden muss. Es ist an mir, von Fall zu Fall herauszufinden, ob das Kind zu einem gegebenen Zeitpunkt seines Interesses an den Dingen »Informationen über den Wasserhahn« haben möchte oder mit »dem Wasserhahn spielen will«, um sich auf seine Weise die ihm nützlichen Informationen zu beschaffen.

Aus dieser Prämisse leite ich einige Prinzipien ab, die dazu dienen, den Dialog mit dem Kind über die häuslichen Gegenstände zu bereichern.

1. Ich muss zu Beginn davon ausgehen, dass das erste Abenteuer des Kindes, sobald es selbständig sein Stühlchen oder das Gefängnis des Laufgitters verlässt, die Entdeckung der Wohnung, der Möbel und der sie bevölkernden Geräte, ihrer Gestalt und ihres Gebrauchs ist. Sie liefern ihm den Stoff für die ersten Beobachtungen und Emotionen, welche ihm dazu dienen, sich einen Wortschatz zu erarbeiten und die es als Beweise der Welt, in der es heranwächst, funktionieren sieht. Ich werde ihm innerhalb der Grenzen, die es selbst herausfordert und toleriert, die »wahren Geschichten« der Dinge erzählen, ohne zu vergessen, dass

diese »wahren Geschichten« für das Kind größtenteils wie bloße Aneinanderreihungen von Wörtern klingen werden; ein Ansatzpunkt für die Imagination, nicht mehr und nicht weniger als die Märchen. Wenn ich ihm erzähle, woher das Wasser kommt, bleiben Wörter wie »Quelle«, »Becken«, »Wasserleitung«, »Fluss«, »See« usw. in ihm in der Schwebe, auf der Suche nach einem Gegenstand, bis es die Dinge, die sie bezeichnen, gesehen und berührt hat. Es wäre schon besser, wenn ich eine Serie illustrierter Alben zur Verfügung hätte – Woher kommt das Wasser?, Woher kommt der Tisch?, Woher kommt das Fensterglas? und Ähnliches – die ihm wenigstens die Gestalt der Dinge zeigten. Aber solche Alben gibt es nicht. Eine »Literatur« für Kinder von null bis drei Jahren ist bisher außer durch sporadische Intuition weder systematisch erforscht noch geschrieben worden.

2. Ich gehe auf den kindlichen »Animismus« und sein »Werkkünstlertum« ein wie auf Quellen der Erfindung, ohne den Vorsatz, es zu »falschen« Erklärungen verleiten oder diese erhärten zu wollen. Ich glaube im Gegenteil, dass das »animistische« Märchen ihm irgendwie beibringen wird, dass der »Animismus« keine Lösung ist. An einem gewissen Punkt wird ihm das Märchen, das den Tisch, die Lampe, das Bett personifiziert, innerhalb des Mechanismus der Symbolbildung vorkommen wie das Spiel, in dem es in seiner Phantasie über die Dinge verfügt: ein »tun als ob«, in dem das Kind nicht gezwungen ist, die Eigenheiten der Dinge zu respektieren. Und das Kind selbst wird den Gegensatz »real – imaginär«, »wirklich wahr – wahr im Spiel« begreifen und so imstande sein, die Realität zu erfassen.

3. Ich werde über die aktuellen Merkmale *seiner* »Rundreise durch die Wohnung« nachdenken, die sich er-

heblich von *meiner* Reise im Hause *meiner* Kindheit unterscheiden.

Das ist ein Punkt, den ich weiterentwickeln möchte.

Das elektrische Licht, das Gas, der Fernsehapparat, die Waschmaschine, der Kühlschrank, der Fön zum Haaretrocknen, der Mixer, der Plattenspieler sind nur einige Elemente der häuslichen Landschaft, die das Kind von heute kennt und die sich so sehr von der des Großvaters unterscheidet, der in einer bäuerlichen Küche zwischen Herd und Wassereimer aufwuchs. Sie erzählen dem Kind von einer Welt der Maschinen. An allen Wänden befinden sich Steckdosen und Schalter, und so gut es auch weiß, dass es nicht den Finger hineinstecken darf, kann man doch nicht verlangen, dass es nicht seine Überlegungen über den Menschen und seine Macht anstellt, über seine Kräfte, die Lichter aufflammen, Motoren dröhnen und summen machen, durch die sich warm in kalt, roh in gekocht usw. verwandelt. Vom Balkon sieht es Autos, Hubschrauber, Flugzeuge vorübergleiten. Auch unter seinem Spielzeug sind alle möglichen technischen Geräte, die verkleinerte Ausgaben aus der Welt der Erwachsenen sind.

Die Außenwelt dringt auf vielfältige Weisen, die den Kindern vor fünfzig Jahren unbekannt waren, in die Wohnung ein: das Telefon schrillt, und man vernimmt Papas Stimme, man dreht am Knopf des Radios, und es kommen Töne, Laute, Lieder; man drückt auf eine Taste des Fernsehapparates, und der Schirm füllt sich mit Bildern, und zu jedem Bild gesellt sich nach und nach ein Wort, das aufgenommen und gespeichert werden muss, eine zu entziffernde Information, die mit gebotener Vorsicht zu denen hinzugefügt werden muss, in deren Besitz man bereits ist.

Die Vorstellung, die das Kind von heute sich von der Welt macht, ist zwangsläufig völlig anders als die, welche sich sein Vater als Kind machte, von dem es nur wenige Jahrzehnte trennen. Seine Erfahrung versetzt es in die Lage, andersartige Operationen durchzuführen, vielleicht auch komplexere Operationen im Bewusstsein; das mit Gewissheit zu sagen, fehlen jedoch die erforderlichen Messungen.

Mehr noch: die häuslichen Gegenstände vermitteln Informationen durch das Material selbst, aus dem sie hergestellt wurden, durch ihre Farben, durch die Formen, in denen sie entworfen wurden (von einem Designer und nicht mehr von einem Handwerker). Wenn das Kind diese Gegenstände »liest«, erfährt es andere Dinge als der Großvater, der die Petroleum-Lampe »las«. Sie ordnen sich in ein anderes Kulturmodell ein.

Für den Großvater kochte die Mutter den Brei: für den Enkel bereitet ihn die Großindustrie; er wird in ihren Kreislauf einbezogen, bevor er auf eigenen Beinen die Wohnung verlassen kann.

Wir haben also ein viel umfassenderes Material zur Verfügung, um Geschichten hervorzubringen und können uns einer reicheren Sprache bedienen. Die Imagination ist eine Funktion der Erfahrung, und die Erfahrung des Kindes von heute ist ausgedehnter (ich weiß nicht, ob man sagen kann, intensiver, das ist ein anderes Problem) als die Erfahrung des Kindes von gestern.

Dafür Beispiele zu geben ist fast überflüssig. Jeder Gegenstand bietet je nach seiner Beschaffenheit Ansatzpunkte für eine Geschichte. Auch ich habe einige Geschichten an dem Kleiderständer der Phantasie aufgehängt. Zum Beispiel habe ich einen Eisprinzen erfunden, der im Kühlschrank wohnt; ich habe eine Gestalt, die zu sehr am Fernseher klebte, in den Apparat plumpsen lassen; ich habe eine Heirat zwischen einem jungen Mann – der sich zuvor in sein rotes japanisches Motorrad verliebt hatte – und einer Waschmaschine arrangiert; ich habe mir eine Zauberschallplatte ausgedacht, die die Zuhörer zum Tanzen zwingt, während zwei Gauner diese ausrauben, usw.

Bei den Kleinsten muss man, glaube ich, mit den Gegenständen beginnen, zu denen sie sehr innige und besondere Beziehungen haben. Zum Beispiel das Bett. Das Kind springt und tobt auf dem Bett herum, tut alles, um nicht schlafen zu müssen. Es hasst sein Bett, wenn die Schlafenszeit es zwingt, eine wichtige Tätigkeit zu unterbrechen. Projizieren wir diese Ablehnung in den Gegenstand, und schon haben wir

> die Geschichte vom Bett, das das Kind nicht schlafen lassen wollte; das Bett kippte um, sprang an die Decke, lief ins Treppenhaus und fiel von der Treppe; das Kissen wollte am Fußende liegen und nicht unter dem Kopf … Da gibt es ein Bett mit einem Motor, das in ferne Länder reist, um Krokodile zu jagen. Ein anderes Bett kann sprechen und viele Geschichten erzählen: unter anderem die Geschichte von dem Bett, das die Kinder nicht schlafen ließ usw.

Die Rücksicht auf die Natur des Gegenstandes hindert uns dennoch nicht, ihn auf die willkürlichste Weise zu gebrauchen und uns ein Beispiel an dem Kind zu nehmen, das den Gegenständen seines Spiels die unwahrscheinlichsten Rollen zuweist.

> Ein Stuhl rannte zur Straßenbahn. Es war schon sehr spät, und der Stuhl rannte so schnell er konnte und hüpfte auf seinen vier Beinen. Plötzlich verlor er ein Bein und geriet gefährlich ins Kippeln. Zum Glück hob

ein junger Fußgänger das Bein sofort auf und gab es dem Stuhl. Dabei sprach er zu dem Stuhl: »Rennen Sie doch nicht so, die Zeit ist lang, das Leben ist kurz.« – »Junger Mann, lassen Sie mich los …, ich darf die Straßenbahn nicht verpassen.« Und der Stuhl lief noch schneller weiter, usw. Dieser Stuhl war von Beruf Lehrer, er brachte den Papageien das Sprechen bei. Und so weiter.

Für den Gebrauch, für den Moment, für den solche Geschichten bestimmt sind – Essenszeit, Schlafenszeit –, müssen sie nicht unbedingt den ehernen Gesetzen der »Sonatenform« gehorchen, sondern eher den flexibleren der »Improvisation«. Es können Stichworte, Bruchstücke, Geschichten im Zickzack sein, ohne Anfang und Ende, die einander überschneiden, die vergessen, was sie machen, wie die Affen im Zookäfig: sie mögen alles in allem den ersten Kinderspielen gleichen, die fast niemals durchkomponierte Geschichten sind, sondern viel häufiger ein ungehindertes Herumstrolchen zwischen vielen Geschichten und herumliegenden Gegenständen, die das Kind aufhebt, liegen lässt, wieder aufhebt und unterwegs verliert.

Das Spielzeug als handelnde Person

Zwischen der Welt des Spielzeugs und der Welt der Erwachsenen besteht eine weniger eindeutige Beziehung als auf den ersten Blick scheinen könnte: einerseits kommt das Spielzeug durch »Absinken«, andererseits als Inbesitznahme zustande. Bestimmte Dinge, die in der Welt der Erwachsenen einst von großer Bedeutung waren, bescheiden sich, wenn ihre Zeit abgelaufen ist, mit ihrem Absinken zu Spielzeug, um nicht völlig zu verschwinden. So haben sich Pfeil und Bogen, nachdem sie ihre Rolle auf den Schlachtfeldern ausgespielt hatten, in Instrumente zum Spielen verwandelt. Die Masken büßen heute zusehends ihre Rolle im Karneval der Erwachsenen ein und werden zum Monopol der Kinder. Puppen und Kreisel waren sakrale und rituelle Gegenstände, bevor sie sich damit abfinden mussten, dass die Kinder mit ihnen spielten. Selbst die banalsten Gegenstände können von ihrem Alltagssockel herabsteigen: ein kaputter alter Wecker, der zum Spielzeug herabsinkt, könnte dieses Ereignis sogar als eine Beförderung erleben. Und die auf dem Dachboden vergessenen alten Koffer, die mit ihren verborgenen Schätzen von den Kindern wiederentdeckt und zu neuem Leben erweckt werden, »sinken« sie herab oder »steigen« sie auf?

Durch kindliche Eroberung hingegen verwandeln sich Dinge, Tiere und technische Geräte – kraft angemessener Metamorphosen – in Spielzeug. Die verschiedenen Künste, Handwerke und Berufe werden zum Spiel. Gewiss, die Spielzeugindustrie produziert kleine Eisenbahnen, kleine Autos, Puppenkleider und Kästen für den »kleinen Chemiker«, in einer nicht enden wollenden Miniaturisierung der Welt der Erwachsenen, die auch nicht Mini-Panzer und Mini-Raketen vergisst. Aber das Bedürfnis des Kindes, den Erwachsenen nachzuahmen, ist keine Erfindung der Industrie, kein aufgezwungenes Bedürfnis: es gehört mit zu seinem Willen, groß zu werden.

Die Welt des Spielzeugs ist also eine komplexe Welt. Das gilt auch für die Haltung des Kindes gegenüber dem Spielzeug. Einerseits gehorcht es seinen Anregungen, indem es lernt, es zu dem Spiel zu benutzen, zu dem es bestimmt ist, wobei es allen Pfaden folgt, die es seinem Tätigkeitsdrang bietet; andererseits bedient es sich seiner als eines Mittels zur Selbstdarstellung, indem es ihm gleichsam aufträgt, seine Konflikte auszudrücken. Das Spielzeug ist die Welt, die das Kind erobern will und an der es sich misst (hierin liegt der Antrieb, es auseinanderzunehmen, um zu sehen, wie es gemacht ist; oder es zu zerstören); aber es ist auch eine Projektion, eine Verlängerung seiner eigenen Person.

Das Mädchen, das mit seinen Puppen und mit deren inzwischen überreicher Ausstattung an Kleidern, Möbeln, Gebrauchsgegenständen, Tellerchen, Tassen, elektrischen Haushaltsgeräten, Häusern und Dörfern in Miniaturformat spielt, fasst im Spiel alle seine Kenntnisse über das häusliche Leben zusammen, übt sich darin, Gegenstände zu handhaben, sie zusammenzusetzen und auseinanderzunehmen, ihnen einen Raum und eine Rolle zuzuordnen. Gleichzeitig dienen ihm die Puppen dazu, die eigenen Beziehungen und vielleicht die eigenen Konflikte in Szene zu setzen. Sie tadelt die Puppen mit den gleichen Worten, mit denen die Mutter sie ausschimpfte, um jegliches Schuldgefühl auf die Puppen abzuwälzen. Sie verzärtelt und verwöhnt sie, um ihr Bedürfnis nach Liebe auszudrücken. Sie kann eine bestimmte Puppe auf ganz besondere Weise lieben oder hassen, wenn diese das Brüderchen verkörpert, auf das sie eifersüchtig ist. Diese symbolischen Spiele stellen eine »authentische Tätigkeit des Denkens dar«, wie Piaget formuliert hat.

Oft spricht das Kind beim Spielen mit sich selbst; es erzählt sich sein Spiel, es flößt den Spielsachen ein oder wendet sich von ihnen ab, um das Echo eines Wortes, einer plötzlich auftauchenden Erinnerung zu verfolgen.

Abgesehen von einigen überaus treffenden Bemerkungen Francesco De Bartolomeis' über den »kollektiven Monolog« der Kinder, die zusammen im Kindergarten spielen – *zusammen*, wie man so hinsagt, denn jedes Kind spielt für sich allein und führt mit den anderen keinen »Dialog«, sondern alle »monologisieren« laut – scheint mir, dass der »Monolog« des spielenden Kindes niemals gebührend erforscht worden ist. Ich glaube, dass eine derartige Untersuchung vieles über die Beziehung zwischen Kind und Spielzeug aussagen würde, was wir noch nicht wissen und was für eine »Grammatik der Phantasie« höchst relevant wäre. Ich bin sicher, dass Hunderte von Erfindungen infolge unserer mangelnden Aufmerksamkeit unwiederbringlich verlorengehen.

Wie viele Wörter bringt ein Kind, das mit Bauklötzen spielt, in einer Stunde hervor? Wieweit beziehen sie sich auf das Vorhaben, auf die Strategie und Taktik des Spiels, und wieweit weichen sie davon ab? Welche Klötzchen werden unversehens zu handelnden Figuren, bekommen Namen, beginnen eigenständig zu handeln, erleben ihre persönlichen Abenteuer? Welche Gedankenverbindungen werden im Laufe des Spiels freigelegt? Welche verborgenen Bedeutungen könnten wir bei aufmerksamer Beobachtung den Gesten, den Prozessen der Symbolisierung, der Verteilung der einzelnen Klötzchen selbst zuschreiben? Wir wissen lediglich – weil geduldige Wissenschaftler es experimentell nachgewiesen haben – dass Jungen dazu neigen, vertikal zu bauen, Mädchen hingegen dazu, einen Raum zu schließen; dabei wird eine Beziehung zwischen der Struktur der Imagination und der physiologischen Struktur hergestellt, die für uns Laien faszinierend und unglaublich zugleich ist. Aber gemessen an dem, was man wissen möchte, ist das zu wenig.

Geschichten beim Umgang mit Spielzeug zu erfinden, ist fast natürlich, das kommt nahezu von selbst, wenn man mit Kindern spielt: die Geschichte ist weiter nichts als eine Verlängerung, ein Ausbauen, eine fröhliche Explosion des Spielzeugs. Alle Eltern wissen das, welche die Zeit finden, sich am Spiel ihrer Kinder mit Puppen, Bauklötzen, mit Autos zu beteiligen: diese Beschäftigung sollte auf irgendeine Weise zur Pflicht (und selbstverständlich realisierbar) gemacht werden.

Wenn der Erwachsene mit dem Kind spielt, ist er ihm gegenüber in dem Vorteil, über eine umfassendere Erfahrung zu verfügen und somit ausgedehntere Räume für die Vorstellungskraft schaffen zu können. Deshalb haben Kinder gern die Eltern als Spielgefährten. Beim gemeinsamen Spiel mit Bauklötzen beispielsweise weiß der Erwachsene Proportionen und Gleichgewichte besser einzuschätzen, verfügt er über einen reicheren Fundus an nachahmenswerten Formen usw. Das Spiel wird reicher, gewinnt an Geschlossenheit und Dauer, erschließt sich neue Horizonte.

Es geht keineswegs darum, »anstelle des Kindes« zu spielen und es auf die demütigende Rolle des Zuschauers zu verweisen, sondern darum, sich in seinen Dienst zu stellen. Das Kind gibt den Ton an. Man spielt »mit dem Kind«, »für das Kind«, um seinen Erfindungsgeist anzuspornen, um ihm neue Instrumente an die Hand zu geben, die es benutzt, wenn es allein spielt, kurz, um es spielen zu lehren. Und beim Spielen wird gesprochen. Dabei lernt man von ihm, zu den einzelnen Gegenständen zu sprechen, ihnen Namen und Rollen zu verleihen, einen Irrtum in eine Erfindung, eine Geste in eine Geschichte zu verwandeln, zu nutzen, was Brunner (»Erkennen«, Rom 1970) »die Freiheit, vom Objekt beherrscht zu werden«, nennt. Man lernt auch – wie es das Kind vorlebt – den einzelnen Teilen geheime Botschaften anzuvertrauen, damit sie dem Kind sagen, dass wir es lieben, dass es auf uns zählen kann, dass unsere Kraft die seine ist.

So entsteht im Spiel ein »Kindertheater«, in welchem der Teddybär und der Mini-Kran, die kleinen Häuser und Maschinchen agieren, Freunde und Verwandte auf die Bühne kommen, Märchenfiguren auftauchen und verschwinden.

In diesem Spiel kann beim Kind und beim Erwachsenen nur dann Langeweile auftreten, wenn das Spielzeug auf seine schnell erkundete, sich schnell erschöpfende technische Rolle reduziert und eingeengt wird. Notwendig sind Szenenwechsel, Knalleffekte, Sprünge ins Absurde, die die Entdeckungen begünstigen.

Erwachsene guten Willens werden von den Kindern mühelos die wesentlichen Prinzipien der »Dramatisierung« erlernen. Danach werden sie diese Dramatisierung auf eine höhere und anregendere Stufe heben, als es der kindliche Erfinder mit seinen schwachen und begrenzten Kräften aus sich heraus vermag.

Marionetten und Handpuppen

Das Wort »Kindertheater« hat bereits ohne genauere Festlegung auf Marionetten und Kasperpuppen angespielt. Hier sollen sie persönlich ins Rampenlicht treten, diese faszinierenden Persönchen. Indes werde ich mich auf diese vage Definition beschränken, denn ich denke nicht im Entferntesten daran, es vielleicht mit Goethe oder Kleist aufzunehmen und über die Anziehungskraft der Marionetten zu sprechen.

Dreimal in meinem Leben war ich Puppenspieler: als

Kind in einem Verschlag unter der Treppe mit einer Klappe, die eigens eingebaut worden war, um als Bühnenöffnung zu dienen; als Lehrer in der Schule für meine Schüler in einem kleinen Dorf am Ufer des Lago Maggiore (wie ich mich erinnere, spielte einer der Schüler, wenn er zur Beichte ging, in einem Heft, das »offenes Tagebuch« hieß, die gesamte Beichte mit Fragen und Antworten durch); schließlich als gestandener Mann einige Wochen lang vor einem Publikum aus Bauern, die mir Eier und Wurst schenkten. Puppenspieler, der schönste Beruf der Welt.

Wenn man die philologischen Einzelheiten der Begriffe Marionette und Kasperpuppe außer Acht lässt, so sind sie über ein doppeltes »Absinken« zu den Kindern gelangt. Ihre entferntesten Vorfahren sind die Ritualmasken der primitiven Völker. Erstes Absinken: vom Heiligen zum Profanen, vom Ritus zum Theater. Zweites Absinken: vom Theater zur Welt des Spiels. Letzteres ist ein Vorgang, welcher sich vor unseren Augen vollzieht. Wem außer Otello Sarzi und wenigen Vertrauten gelingt es, in Italien die Tradition dieser außergewöhnlichen Form eines Volkstheaters am Leben zu erhalten?

Mariano Dolci, der lange Zeit mit Sarzi zusammenarbeitete, hat für die Abteilung kulturelle Einrichtungen der Stadtverwaltung von Reggio Emilia (für welche Stadt sonst, bitte schön?) eine vorzügliche praktische Anleitung mit dem Titel *Die Handpuppen – ein pädagogisches Instrument für die Schule* geschrieben. Darin kommentiert er das Absinken der Handpuppen wie folgt:

> »Die Rolle, die die Puppentheater in der Volkskultur spielten, war sehr groß, und allein wenn man die Titel der Texthefte überfliegt, die noch zu Beginn des 20. Jahrhunderts aufgeführt wurden, erkennt man voller

> Staunen, welche breite Skala an Interessen sie bedienten. Wir finden Texte nach biblischen und mythologischen Stoffen, Bearbeitungen berühmter Bühnen- und Literaturwerke aus aller Welt, historische Stoffe, Komödien mit sozialem, politischem, polemischem, antiklerikalem, aktuellem Hintergrund usw.«

Mir gelang es noch, eine Umsetzung von *Aida* für Marionetten zu sehen. Das einzige Handpuppenspiel von »Bedeutung«, an das ich mich erinnere, ist dagegen: *Ginevra degli Almieri oder Die lebendig Begrabene nebst Gioppino, dem Grabräuber*. Ich erinnere mich daran, weil ich es an einem Abend sah, als ich mich in ein Mädchen aus Cremona verliebte. Ich erinnere mich nicht, wie das Mädchen hieß, weil es lange vor der ersten Liebe war, die man nie vergisst.

Sarzi und seine Freunde haben viel für die Kasperpuppen getan. Aber ich glaube, das Wichtigste taten sie, als sie in die Schulen gingen und dort nicht nur Aufführungen veranstalteten, sondern die Kinder anleiteten, sich ihre Handpuppen selbst anzufertigen und sie zu bewegen, sich Puppentheater zu bauen, die Bühne, die Beleuchtung, die musikalische Begleitung einzurichten, Geschichten zu erfinden, sie zu inszenieren und aufzuführen. Mariano Dolci hat einen prächtigen Bart wie Feuerschlucker im »Pinocchio«. Kaum bekommen die Kinder ihn zu Gesicht, begreifen sie, dass sie von ihm außergewöhnliche Dinge erwarten können. Mariano holt einige runde blanke Köpfe aus dem Sack und zeigt den Kindern, wie man Nasen und Augen anklebt, einen Mund aufmalt, einen Charakter und einen Körper für sie erfindet, wie man sie anzieht und mit der Hand hineinschlüpft …

In den Vorschulen von Reggio Emilia ist das Puppentheater ein obligatorisches Möbelstück. In jedem beliebigen Augenblick kann ein Kind darin verschwinden, seine Lieblingspuppe ergreifen und sie auftreten lassen. Wenn ein anderes Kind ihm folgt, laufen gleichzeitig zwei verschiedene Geschichten ab. Die beiden Kinder können sich auch einigen und eine Reihenfolge festlegen: zuerst nimmt Burattino A den Knüppel und verprügelt Burattino B, danach ist B mit seinem Knüppel an der Reihe, A zu verprügeln. Es gibt Kinder, die sich nur durch die Puppe äußern. Andere Kinder weichen, wenn sie die Krokodilpuppe bewegen, ängstlich zurück, um nicht gefressen zu werden. Zwar sind sie es selbst, die ihre Finger an der richtigen Stelle der künstlichen Bestie bewegen: aber man kann nie wissen …

Der mir bekannte Lehrer Bonanno, der an der Baldini-Schule in Rom unterrichtete und sehr jung starb, hatte im Puppentheater seiner fünften Grundschulklasse eine Lehrerpuppe. Dieser Puppe sagten die Schüler alles, was sie dem Lehrer aus Fleisch und Blut nie zu sagen gewagt hätten. Dieser saß vor dem Puppentheater und hörte natürlich alles, so erfuhr er, was die Kinder wirklich von ihm dachten. »Ich lerne meine Fehler«, sagte er mir einmal.

In der Schule gibt es häufiger Kasperpuppen, zu Hause Marionetten. Es wird einen Grund dafür geben, aber ich weiß ihn nicht. Das schönste Puppentheater, das ich kenne, stammt aus England. Es ist aus Pappe, wird ausgeschnitten und montiert, auch die Szenen und die Figuren werden ausgeschnitten, es ist unglaublich vielseitig, weil es nur das Grundgerüst eines Puppentheaters ist und alles noch hinzuerfunden werden muss.

Die ureigene Sprache der Handpuppen und Marionetten ist die Bewegung. Sie sind weder für lange Monologe noch für lange Dialoge geschaffen. Wenn Hamlet seinen Monolog spricht, muss wenigstens von Zeit zu Zeit ein

Teufel erscheinen, der versucht, ihm den Totenschädel zu stehlen und ihm dafür eine Tomate in die Hand zu drücken. Eine einzelne Puppe hingegen kann, wenn sie es kann, stundenlange Dialoge mit ihrem kindlichen Publikum führen, ohne müde zu werden und ohne die Zuschauer zu ermüden.

Die Überlegenheit des Kasperletheaters gegenüber dem Marionettentheater liegt in seiner größeren Beweglichkeit, die zur Spiellaune anreizt. Der Vorzug des Marionettentheaters besteht im Bühnenbild und in der Ausstattung. Die Mädchen füllen die Bühne mit den Möbeln und Gerätschaften ihrer Puppe, und das nimmt so viel Zeit in Anspruch und löst so vieles aus, dass es nachher eigentlich nicht mehr nötig ist, Theater zu spielen.

Die wirklichen Möglichkeiten beider Arten von Theater lernt man erst durch die Praxis kennen. Mehr lässt sich dazu nicht sagen. Darüber hinaus kann ich höchstens noch empfehlen, Mariano Dolcis Büchlein zu lesen. Die Frage, um die es hier und jetzt geht, ist: Welche Geschichten können wir für die Marionetten und Kasperpuppen erfinden?

Die Volksmärchen und ihre Abwandlung nach den bereits erwähnten Techniken stellen praktisch ein unerschöpfliches Repertoire dar. Mit einer Einschränkung: die Einführung einer komischen Gestalt ist gleichsam obligatorisch und erweist sich immer als produktiv.

Zwei beliebig ausgewählte Kasperpuppen bilden ein »phantastisches Binom«: wer weitere Erklärungen nötig hat, sei auf die vorausgegangenen Kapitel verwiesen.

Stattdessen möchte ich, ausgehend von der Möglichkeit, dem Puppentheater bestimmte »geheime Botschaften« anzuvertrauen, wenigstens zwei Phantastikübungen erwähnen. Die *Erste* besteht darin, das vom Fernsehen gebotene Material zu benutzen, wodurch sich ohne Mühe eine Alternative oder der Ansatz zu einer kritischen Alternative gegenüber der rein passiven Aufnahme der Programme schaffen lässt; in der *Zweiten* werden bestimmten Figuren versteckte Rollen zugeschrieben. Über beide Punkte will ich mich unverzüglich verbreiten.

Es gibt praktisch keine Fernsehsendung, die nicht als Rohmaterial für eine Aufführung des Puppentheaters benutzt werden könnte. Hierbei geht es nicht darum, aus dieser Aufführung um jeden Preis eine »Gegensendung« zu machen; sie wird es von ganz allein durch die bloßen Bewegungen der Marionetten oder Kasperpuppen, dank ihrer Fähigkeit, den großmäuligen Ansager, den jaulenden Sänger, den Quiz-Kandidaten, den unfehlbaren Detektiv, das Ungeheuer aus dem Fernsehfilm ad absurdum zu führen und ins Lächerliche zu ziehen. Es reicht schon eine Gegenüberstellung der Fernsehfiguren mit einer aus dem Rahmen fallenden Gestalt: Pinocchio in den Nachrichten, die Hexe im Denver-Clan, der Teufel auf dem Schlagerfestival in San Remo.

In einer Volksschule habe ich ein »Alles-oder-nichts« mit dem Teufel als Kandidaten gesehen. Kurz zuvor hatte ich allerdings selbst die Geschichte vom Krokodil erzählt, das als Kandidat auftritt und den Spielmeister Mike Bongiorno frisst. Die Kinder hatten kein Krokodil unter ihren Puppen und hatten dafür einen Teufel genommen. In teuflischer Verkleidung ist die Geschichte im Endeffekt viel komischer als meine.

Für die zweite Übung kehren wir in die Familie zu den kleinen Kindern zurück. Was die Schüler mit ihrem Lehrer machten, indem sie sich an ihn durch den Kasper-Lehrer wendeten, können wir mit unseren Kindern erreichen, wenn wir uns über die Puppen an sie wenden. Man muss sich vor Augen halten, dass die Marionetten sich zu gleichbleibenden Identifikationen eignen. Was auch immer der König macht, er ist eigentlich der Vater, die Autorität, die Kraft, der Erwachsene, den man braucht, vor dem man aber auch Angst haben kann, der das Kind unterdrückt, aber es gleichzeitig vor jeder Gefahr schützt. Die Königin ist die Mutter. Der Prinz ist er, der Junge (die Prinzessin das Mädchen). Die Fee ist »das Schöne«, die gute Zauberkraft, die Hoffnung, die Befriedigung der Wünsche, die Zukunft. Der Teufel verkörpert alle Ängste, die lauernden Ungeheuer, jeden erdenklichen Feind. Wenn man an diese Entsprechungen denkt, kann man die Marionetten beauftragen – während sie ihre Abenteuer vorführen –, dem Kind beruhigende Botschaften zu übermitteln. Durch Symbole zu kommunizieren, ist nicht weniger wichtig als durch Worte. Manchmal ist es die einzige Art, mit dem Kind in Verbindung zu treten.

Ich weiß nicht, warum ich nicht selbst die Erfahrung machen konnte, in welchem Maße es einem Kind gefällt, dass eine Marionette es kraft ihrer Eigenart vertritt, indem sie im Puppentheater seinen Namen trägt und an seiner Stelle handelt. Mag sein, dass es das Spiel, ebenso akzeptiert wie die Geschichten, in denen es als Held erscheint. Jedoch ist es auch möglich, dass es eine so öffentliche Identifizierung in Bezug auf seinen ganz bestimmten, sichtbaren und berührbaren Gegenstand zurückweist. *Auch Kinder haben Geheimnisse* (so eben lautet der Titel eines Kinderbüchleins von Stempel und Ripkens, das 1972 in München erschien).

Das Kind als Held

»Es war einmal ein Junge, der hieß Karlchen.«
»Wie ich?«
»Wie du.«
»Ich war es.«
»Ja, du.«
»Was hab ich gemacht?«
»Das erzähl ich dir jetzt.«

In diesem klassischen Dialog zwischen Mutter und Sohn liegt die erste Erklärung für das wunderschöne Perfekt, mit dem die Kinder ein Spiel beginnen:

»Ich hab Wache gehalten und du bist weggerannt …«
»Du hast gerufen …«

Es ist wie ein Vorhang, der sich zu Beginn des Schauspiels hebt. Ich glaube, dass es geradewegs aus der Vergangenheitsform kommt, mit der die Märchen beginnen: Es war einmal … Wegen weiterer Erklärungen verweise ich jedoch auf das entsprechende »Notizblatt« am Ende des Buches (siehe: *Ein Verb zum Spielen*).

Alle Mütter pflegen dem Kind Geschichten zu erzählen, deren Held es ist. Das kommt seinem Egozentrismus entgegen und befriedigt ihn. Die Mütter aber ziehen daraus ihren didaktischen Nutzen.

– Karlchen war ein Junge, der den Salznapf umwarf … der keine Milch trinken wollte … der nicht einschlafen wollte …

Es ist eine Sünde, das Imperfekt der Märchen und der

Spiele für Ermahnungen und Einschüchterungen zu benutzen. Es ist fast so, als ob man eine goldene Uhr benutzen wollte, um damit Löcher in den Sand zu buddeln.

»Karlchen war ein großer Reisender, er fuhr um die Welt, er sah Affen, Löwen ...«
»Hab ich auch einen Elefanten gesehen?«
»Ja, auch einen Elefanten.«
»Auch eine Giraffe?«
»Auch eine Giraffe.«
»Auch ein Eselchen?«
»Aber sicher.«
»Und dann?«

So gefällt es mir viel besser. Das Spiel erweist sich als wesentlich ergiebiger, wenn wir uns seiner bedienen, um das Kind in erfreuliche Situationen zu versetzen, es denkwürdige Taten vollbringen zu lassen, ihm eine Zukunft voller Freuden und Belohnungen in Aussicht zu stellen, die ihm wie ein Märchen erzählt wird. Ich weiß wohl, dass die Zukunft kaum je so schön wie ein Märchen sein wird. Aber nicht das zählt. Das Kind muss sich einstweilen Vorräte an Optimismus und Vertrauen schaffen, um dem Leben zu trotzen. Des Weiteren sollten wir den erzieherischen Wert der Utopie nicht unterschätzen. Wenn wir nicht allem zum Trotz eine bessere Welt erwarteten, wer würde uns noch dazu bringen, zum Zahnarzt zu gehen?

Wenn das wirkliche Karlchen Angst vor der Dunkelheit hat, war das erfundene Karlchen völlig frei davon, es tat, was zu tun niemand den Mut hatte, es ging an Orte, die von allen ängstlich gemieden wurden ...

Bei dieser Art von Geschichten stellt die Mutter dem Kind seine eigene Erfahrung und seine Person als Objekt dar, sie hilft ihm, seinen Standort zwischen den Dingen zu klären und die Beziehungen zu erfassen, in deren Mitte es steht.

Um sich selbst zu erkennen, muss man sich ein Bild von sich selbst machen können.

Es geht also nicht darum, das Kind zu leeren Phantastereien anzuspornen (vorausgesetzt – was der Psychoanalytiker verneint – dass es völlig sinnentleerte Phantastereien gibt, die auf keinerlei Inhalt zurückverweisen), sondern ihm hilfreich zur Seite stehen, damit es eine Vorstellung von sich und seinem Dasein bekommt.

> »Karlchen war ein Schuster und machte die schönsten Schuhe der Welt. Er war Ingenieur und baute die längsten, höchsten und stärksten Brücken der Welt.«

Mit drei oder fünf Jahren sind das keine »verbotenen Träume«, sondern unabdingbare Übungen.

Die Geschichten, deren Held das Kind ist, müssen, um »wahrhaftiger« zu sein, unbedingt ihre private Seite haben; in ihnen müssen ein bestimmter Onkel des Kindes, die Portiersfrau des Hauses und keine andere ihren Platz haben. Die Schauplätze müssen an den entscheidenden Stellen Schauplätze sein, die das Kind wiedererkennen kann, die Worte müssen voller Anspielungen auf familiäre Dinge sein. Modelle anzubieten, ist darum unzweckmäßig.

Auch den größeren Kindern gefällt es oft, sich in die Geschichten einbezogen zu fühlen, sei es allein durch den Namen. Wenn ich in die Schulen ging, um pflichtgemäß Geschichten zu erzählen, habe ich den handelnden Personen oft die Namen der Kinder gegeben, die mir zuhörten, ich habe die Namen der Schauplätze ausgetauscht, um die ihnen bekannten zu verwenden. Der Name bestärkte das

Interesse und die Aufmerksamkeit, weil er den Mechanismus der Identifikation verstärkte.

Eben dieser Mechanismus – der in jedem Leser, jedem Film- oder Fernsehzuschauer ständig wirksam ist – ermöglicht es, »Botschaften« in die Geschichten einzubringen, von denen man gewiss sein kann, dass sie ihren Empfänger erreichen.

»Tabu«-Geschichten

Ich bezeichne eine bestimmte Gruppe von Geschichten als »tabu«, die Kindern zu erzählen ich persönlich für nutzbringend halte, bei denen jedoch manch einer die Nase rümpfen wird. Es ist ein Versuch, mit dem Kind über Themen ins Gespräch zu kommen, die es zutiefst interessieren, von der herkömmlichen Erziehung jedoch unter die Dinge verbannt werden, von denen zu reden »sich nicht gehört«: das sind die Körperfunktionen und die sexuelle Neugier des Kindes. Es versteht sich von selbst, dass die Beziehung »tabu« hier polemisch gemeint ist und dass ich zum Brechen der Tabus anstiften will.

Ich glaube, dass man nicht nur in der Familie, sondern auch in den Schulen völlig ungezwungen und nicht nur in wissenschaftlichen Termini von diesen Dingen sprechen sollte, denn der Mensch lebt nicht von der Wissenschaft allein. Ich kenne auch die Schwierigkeiten, mit denen die Erzieher sowohl in Kindergärten als auch in Grund- und Mittelschulen konfrontiert sind, die Kinder und Heranwachsende dazu bringen wollen, sich unverblümt zu äußern, sich von allen Ängsten zu befreien und gegen mögliche Schuldkomplexe anzukämpfen. Jener Teil der öffentlichen Meinung, der die Tabus anerkennt, ist mit Bezichtigungen wegen Unsittlichkeit, mit dem Einschalten der Schulbehörden und dem Schwenken des Strafgesetzbuches schnell bei der Hand. Wagt es ein Kind, einen männlichen oder weiblichen Akt mit allen Attributen zu zeichnen, braucht es nicht viel, damit Geschlechtsangst, Dummheit und Grausamkeit gegen seinen Lehrer losschlagen. Doch wie viele Erzieher gestehen ihren Schülern die Freiheit zu, nötigenfalls das Wort »Scheiße« zu schreiben?

Die Volksmärchen sind olympisch erhaben über jegliche Heuchelei dieser Art. In ihrer erzählerischen Freiheit zögern sie nicht, Gebrauch vom »skatologischen Vokabular« zu machen, »anstößiges« Lachen auszulösen und eindeutig von sexuellen Beziehungen zu berichten usw. Können wir uns dieses Lachen, das nicht anstößig, sondern befreiend wirkt, zu eigen machen? Ich glaube es aufrichtig.

Wir wissen, welche Bedeutung es für das Kind hat, während seiner Entwicklung die Kontrolle über seine Körperfunktionen zu erlangen. Die Psychoanalyse hat uns wirklich einen Dienst erwiesen, als sie uns lehrte, dass damit eine intensive und subtile emotionale Arbeit einhergeht. Im Übrigen ist jede Familie lange Zeit mit der Phase konfrontiert, in der das Kind ganz besondere Beziehungen zum »Töpfchen« hat, wobei in diese Beziehungen und die dabei entwickelten Rituale die Familienangehörigen einbezogen sind. Drohungen, wenn das Kind »nichts macht«, Versprechungen, wenn es »etwas zu machen« sich entschließt, Belohnungen und überschwängliches Lob, wenn es »gemacht hat«. Stolz, wie ein Beweis seiner Tüchtigkeit, wird das Gemachte vorgezeigt. Da gibt es aufmerksame Begutachtungen, Gespräche der Erwachsenen über die Bedeutung bestimmter Anzeichen, Konsultationen mit dem Arzt, Telefongespräche mit der Tante, die über alles Bescheid weiß. Es ist also überhaupt nicht verwunderlich, wenn im Leben des Kleinkindes das »Töpfchen« und alles, was damit verbunden ist, über Jahre hinweg eine fast dramatische Bedeutung erlangt, gekoppelt jedoch mit widersprüchlichen und auch geheimnisvollen Eindrücken. Denn über diese so wichtige Sache darf man dann nicht ungezwungen sprechen und schon gar keine Späße mit ihr treiben.

Wollen die Erwachsenen sagen, dass etwas nicht gut ist, nicht berührt oder angeschaut werden darf, sagen sie, dass es »baba«, also »Kacke« ist. Um dieses »Kacke« herum baut sich eine Welt von verdächtigen, verbotenen, vielleicht sogar sündhaften Dingen auf. Daraus erwachsen Spannungen, Befürchtungen, Alpträume. Der Erwachsene trägt sie, ohne es zu wissen, als geheimnisvolle, in einer verbotenen Kammer verborgene Dinge mit sich herum. Aber er kann wenigstens ein Gegengewicht in der Komik des Schmutzigen, Obszönen, Verbotenen suchen und finden, von der sich weitläufige Spuren durch die Märchen und noch längere durch den Vorrat an Witzen ziehen, die man nicht in Gegenwart von Kindern erzählt und die von den Handelsvertretern von Dorf zu Dorf verbreitet werden, so wie einst die Kaufleute Berichte über ferne, wundersame Ereignisse oder die Heiligenlegenden verbreiteten. Dieses Lachen ist dem Kind verboten. Aber gerade das Kind brauchte es nötiger als der Erwachsene …

Nichts ist so gut wie das Lachen geeignet, ihm zu helfen, seine Beziehungen zu diesem Thema zu entdramatisieren und ins Gleichgewicht zu bringen, aus dem Gefängnis beunruhigender Eindrücke und neurotischer Grübeleien auszubrechen. Es gibt eine Phase, in der es beinahe unerlässlich ist, für das Kind und mit ihm zusammen Geschichten über »Kacke« und »Töpfchen« und Ähnliches zu erfinden. Ich habe es getan. Ich kenne viele Eltern, die es ebenfalls getan und es nicht bereut haben.

In meiner Erinnerung als Vater ohne Tabus – zumindest in dieser Hinsicht – sind viele Reime und Lieder zu besagtem Thema gespeichert, die ich für die Kinder aus der Verwandtschaft improvisiert hatte. Die Lieder wurden, aus irgendeinem bedingten Reflex heraus, am Sonntagmorgen im Auto gesungen (abends auf der Heimfahrt waren die Kinder zum Singen zu müde). Wäre nicht auch ich, wie wir alle, mehr oder weniger Gefangener der Konventionen, hätte ich jene »Kacke«-Lieder in meine Sammlungen von Kinderreimen aufgenommen. Ich glaube, erst nach dem Jahr 2000 werden wir Autoren haben, die den Mut dazu besitzen …

Die Autofahrten haben direkten Einfluss auf meine *Geschichte vom König Midas* gehabt: nachdem er von seiner Gabe erlöst ist, alles, was er berührte, in Gold zu verwandeln, ist er auf Grund eines bestimmten Umstandes gezwungen, alles Berührte in »Kacke« zu verwandeln, und das Erste, was er berührt, ist ausgerechnet sein Auto …

Die kleine Geschichte hat nichts Besonderes, aber oft, wenn ich in eine Schule gehe, wird sie von mir verlangt, während in der ganzen Klasse ein hämisches Lauern spürbar ist. Die Kinder wollen das Wort »Kacke« Buchstabe für Buchstabe von mir ausgesprochen hören, und aus ihrem Lachen an dieser Stelle versteht man sehr wohl, dass die Ärmsten nie die Möglichkeit hatten, es bis zum Überdruss selbst auszusprechen.

An einem Morgen auf dem Lande erfanden wir mit einer Gruppe von Kindern unserer Sippe einen ganzen skatologischen Roman, der sich über mehrere Stunden hinzog und einen außergewöhnlichen Erfolg hatte. Ebenso ungewöhnlich war aber, dass hinterher niemand auch nur ein einziges Wort darüber fallenließ, nachdem zwerchfellerschütternd darüber gelacht worden war. Die Geschichte hatte dadurch ihre Funktion erfüllt, dass unter Ausschöpfung all ihrer Aggressivität das Infragestellen des sogenannten »Anstandes« bis zur äußersten Konsequenz getrieben worden war. Die Fabel ging, wen es interessiert, ungefähr so:

> In Tarquinia kommt es zu den merkwürdigsten Unfällen: eines Tages fällt ein Blumentopf von einem Balkon und erschlägt beinahe einen Fußgänger, an einem anderen Tag löst sich die Dachrinne und beschädigt ein Auto ... Immer in der Nähe eines bestimmten Hauses ... Immer zu einer bestimmten Zeit ... Zauberei? Der böse Blick? Einer pensionierten Lehrerin gelingt es dank emsiger Nachforschungen, herauszufinden, dass die Unglücksfälle in direktem Zusammenhang mit dem »Töpfchen« eines gewissen Maurizio, drei Jahre und fünf Monate alt, stehen. Dem Einfluss des Töpfchens sind jedoch auch viele erfreuliche Ereignisse zuzuschreiben, Lottogewinne, das Auffinden etruskischer Schätze usw. Kurzum, die verschiedenen Vorfälle – glücklich oder verhängnisvoll – sind abhängig von der Form, Menge, Festigkeit und Farbe der »Kacke« Maurizios. Das Geheimnis bleibt kein solches. Zunächst greifen Familienangehörige, dann Gruppen von Freunden und Feinden ein, um Einfluss auf den Lauf der Dinge zu nehmen. Intrigen und Verschwörungen werden in Sachen Maurizios Ernährung angezettelt: der Zweck heiligt die Mittel ... Rivalisierende Banden kämpfen um die Herrschaft über seine Verdauungswege, um ihre gegensätzlichen Pläne zu verwirklichen. Bestechung des Arztes, des Apothekers, des Hausmäd-

chens ... Ein deutscher Professor, der in Tarquinia auf Urlaub weilt, erfährt von der Sache und beschließt, einen wissenschaftlichen Aufsatz zu schreiben, der ihm zu Ruhm und Geld verhelfen soll; aber nach einer waghalsigen Abführungskur verwandelt er sich in ein Pferd und flieht in die Sümpfe der Maremma, gefolgt von seiner Sekretärin. (Leider erinnere ich mich nicht mehr an den Schluss, der kosmische Dimensionen annimmt, und ich fühle mich jetzt auch nicht imstande, einen aus dem Stegreif zu erfinden.)

Wenn ich eines Tages diese Geschichte schreibe, werde ich das Manuskript dem Notar mit der Auflage aushändigen, sie um das Jahr 2017 zu veröffentlichen, nachdem der Begriff des »schlechten Geschmacks« die notwendige und unvermeidliche Entwicklung hinter sich gebracht haben wird. In jener Zeit wird als »schlechter Geschmack« gelten, die Arbeit anderer auszubeuten, Unschuldige und Kinder ins Gefängnis zu sperren, stattdessen werden die Menschen frei sein, sich wahrhaft erziehungsfördernde Geschichten auch über »Kacke« auszudenken.

In den Vorschulen, in denen die Kinder wirklich die Freiheit haben, Geschichten zu erfinden und über Dinge zu sprechen, die für sie wichtig sind, machen sie eine Phase durch, in der sie die sogenannten »Ausdrücke« aggressiv, fast besessen anwenden. Ein Beleg dafür ist die folgende Geschichte, die ein fünfjähriges Kind in der Vorschule Diana in Reggio Emilia erzählte; die Erzieherin Giulia Notari hat sie aufgeschrieben.

Pierino und die Knetmasse

Einmal spielte Pierino mit Knetmasse. Da kommt ein Priester vorbei und fragt: »Was machst du da?« – »Ich mache einen Priester wie dich.«
Da kommt ein Cowboy vorbei und fragt: »Was machst du da?« – »Ich mache einen Cowboy wie dich.«
Da kommt ein Indianer vorbei und fragt: »Was machst du da?« – »Ich mache einen Indianer wie dich.«
Dann kommt ein Teufel vorbei, der war lieb. Doch dann wird er böse, weil Pierino ihn mit Kacke beschmeißt. Der Teufel weinte, weil er so mit Scheiße vollgeschmiert war, doch dann wird er wieder lieb.

In dieser herrlichen Geschichte springt der Gebrauch der skatologischen Sprache im Sinne einer befreienden Wirkung ins Auge. Das Kind, das durch seine Umwelt in den Stand versetzt worden ist, sich ohne Zensur zu äußern, nutzt diese Freiheit umgehend für seine Zwecke, das heißt, um irgendein Schuldgefühl loszuwerden, das mit der Wahrnehmung seiner körperlichen Funktionen in Erscheinung trat. Es handelt sich um »verbotene Wörter«, die »hässlich sind«, die man gemäß dem familiären Kulturmodell »nicht sagt«. Sie auszusprechen bedeutet also, dieses repressive Modell nicht mehr hinnehmen zu wollen, den Schuldkomplex ins Lächerliche zu verkehren.

Mit diesem Ausbruch geht ein umfassender Vorgang der Selbstbefreiung von Angst, von allen Ängsten einher. Das Kind personifiziert seine Feinde, alles das, was nach Schuld und Drohung riecht, es spielt sie gegeneinander aus und macht sich einen Spaß daraus, sie zu demütigen.

Es sei angemerkt, dass der Vorgang übrigens gar nicht so linear verläuft. Dem Teufel wird anfangs mit einer gewissen Vorsicht entgegengetreten. Er ist ein »lieber Teufel«. Man kann nie wissen. Der im schmeichlerischen Adjektiv enthaltene Exorzismus wird von der Geste auffällig unterstützt: um den Teufel zu bannen, wird er mit »Kacke« beworfen, gewissermaßen dem Gegenteil von Weihwasser. Aber in den Träumen kommt es ja auch vor, dass ein Gegenstand sein Gegenteil darstellt, nicht wahr? (Professor Freud nickt.)

Flugs hat der Teufel die beruhigende Maske der Güte verloren. Er ist, was er ist: »böse«. Aber das Wiedererkennen erfolgt, wenn man seiner Bösartigkeit Trotz bieten und ihn auslachen kann, weil er voll Dreck ist: »mit Scheiße beschmiert«.

Durch das »überlegene Lachen«, welches dem Kind gestattet, über den Teufel zu triumphieren, vermag es auch, sich seiner wieder zu bemächtigen: von dem Augenblick an, wo er keine Angst mehr einflößt, kann der Teufel wieder »lieb« werden, jedoch auf dem Niveau einer Marionette. Der Teufel, der mit Exkrementen beworfen wurde, war ein leibhaftiger Teufel: jetzt ist er heruntergeschraubt, zum Spielzeug verharmlost. Man kann ihm verzeihen ... vielleicht auch deshalb, damit einem selbst verziehen wird, weil man »hässliche Worte« gebraucht hat? Ein Rest von Beunruhigung oder eine Schadloshaltung der inneren Zensur, die durch diese Geschichte nicht völlig zum Schweigen gebracht werden konnte ...

Diese Lesart, die sich auf meine Bemerkungen im vorigen Kapitel bezieht, reicht für eine erschöpfende Erklärung der Geschichte trotzdem nicht aus. Und da wir schon dabei sind, stellen wir uns diesem Unterfangen.

In seinen Überlegungen zum literarischen Schaffensprozess hat Roman Jakobson bemerkt, dass »die poetische Funktion das Prinzip der Äquivalenz von der Achse der [verbalen] Selektion auf die Achse der Kombination projiziert«. Der Reim beispielsweise kann klangliche Äquivalenzen freilegen und sie dem Diskurs aufprägen: der Klang geht der Bedeutung voraus. Das trifft auch, wie wir gesehen haben, auf kindliche Einfälle zu. Aber in der Geschichte *Pierino und die Knetmasse* hat sich die Achse der persönlichen Erfahrung über die »Achse der verbalen Selektion« durchgesetzt; im geschilderten Fall das Spiel mit der Knetmasse und die Art, wie das Kind es erlebt. Die Geschichte hat in Wirklichkeit selbst die Form des »Monologs«, mit welchem das Kind sein Spiel figürchenformend begleitet. Die *Form*, nicht der *Stoff des Ausdrucks*: welcher im Spiel die Knetmasse ist, noch ehe die Worte einsetzen; in der Geschichte sind dagegen die Worte Stoff des Ausdrucks.

In der Erzählung nimmt die Sprache voll und ganz ihre symbolische Funktion wahr und weist die materielle Stütze des Spiels zurück. Handelt es sich vielleicht um eine Beziehung zur Realität, die weniger reich ist als das eigentliche Spiel? Müssen wir annehmen, dass das Spiel in seiner grundsätzlichen Ambivalenz von Spiel und Arbeit viel konkreter formend wirkt, während die Erzählung als verbales Phantasiespiel eine Form von Ausflucht wäre? Ich glaube es keinesfalls. Im Gegenteil, mir erscheint die Erzählung als eine fortgeschrittenere Phase der Herrschaft über das Reale, als eine viel freiere Beziehung zum Stofflichen. Es handelt sich um ein Moment der Reflexion, das über das Spiel hinausgeht. Es ist bereits eine Form der rationalisierten Erfahrung: ein Vorgriff auf die Abstraktion.

Im Spiel mit der Knetmasse (Plastilin, Ton u. Ä.) hat das Kind einen einzigen Widersacher: die Materie, mit der es arbeitet. Beim Erzählen kann es die Anzahl der Widersacher erhöhen, kann mit Worten das tun, was ihm mit der Knetmasse nicht gelänge ...

Wir sehen, wie sich in der Geschichte um die Knetmasse die anderen Bezugspunkte artikulieren, die die Erfahrung des Kindes, die Personen aus seiner Umwelt und aus seinen Mythen betreffen. Derartige Elemente erscheinen uns paarweise gekoppelt, gemäß dem Wallon'schen »Denken in Paaren« (dem auch unser Prinzip des »phantastischen Binoms« entspricht). Die *Knetmasse* tritt in einen Gegensatz zur *Kacke,* die durch zufällige Analogien an sie erinnert, was von dem Kind jedoch ohne Zweifel während des Spielens entdeckt und erprobt wurde: Form, Farbe, usw. (wer weiß, wie oft das Kind mit der Knetmasse »Kacke« geformt hat). Der Cowboy wird sofort dem Indianer entgegengestellt und ihm zugesellt, der Priester dem Teufel.

Tatsache ist, dass der Teufel nicht sofort in der Geschichte erscheint, sondern mit einer bezeichnenden Verspätung. Man könnte meinen, dass das Kind, als ihm der Priester einfiel, oder unmittelbar darauf, beschlossen habe, ihn beiseitezulassen, um die Pointe zu konstruieren ... Es kann ihn tatsächlich zu Beginn ausgeklammert haben, um die weniger bedrohlichen Gestalten des Cowboys und des Indianers in die Geschichte aufzunehmen ... Die Angst hat das Paar »Priester–Teufel« im Entstehen auseinandergerissen ... Späterhin musste sich das Kind dem gefürchteten Bild doch stellen und fand daraufhin die Möglichkeit, den Teufel so in die Geschichte einzuführen, dass es ihn bannen und lächerlich machen konnte.

Allerdings lässt sich auch nicht – mit einem Blick auf die Achse der »verbalen Selektion« – ausschließen, dass die Buchstabenfolge »d-i-a« aus »Indianer« den entscheidenden Anstoß zur Heraufbeschwörung des *diavolo* (Teufel) und damit zur naheliegenden Paarbildung gegeben hat.

Der Teufel selbst spaltet sich, wie wir gesehen haben, in einen lieben und einen bösen Teufel. Und parallel dazu verdoppelt sich auch der Ausdruck »Kacke«, das erste Mal wird sie mit diesem Wort bezeichnet, das zweite Mal ist aber von »Scheiße« die Rede; die kindliche Bezeichnung steigert sich zur viel »gewagteren« Bezeichnung der Erwachsenen, was von der wachsenden Sicherheit zeugt, mit der die Imagination ihre Geschichte handhabt. Mit dem freien Ausdruck nimmt das Vertrauen des Kindes in sich selbst zu. Bei dem erwähnten Kind wäre im Übrigen nicht auszuschließen, dass das »Crescendo« etwas mit seiner musikalischen Begabung zu tun hat; Hinweise darauf ließen sich sowohl in der Wortwahl als auch im Aufbau der Geschichte finden.

Auch der Ausdruck »lieber Teufel« erfordert eine Erklärung, für die ein Psychologe keine Notwendigkeit sähe. Er ist nach meiner Ansicht keine originäre Erfindung des Kindes, sondern der Widerhall von Gesprächen in der Familie, die Erinnerung an die volkstümliche Metapher, die einen gutmütigen, bescheidenen und des Bösen unfähigen Menschen bezeichnet als *un buon diavolo* (ein braver Kerl, wörtlich: ein lieber Teufel). Das Kind mag diesen Ausdruck zu Hause gehört und ihn sich geprägt haben, jedoch hat es ihn, nicht ohne eine gewisse Verwirrung und Ratlosigkeit, wörtlich gedeutet (»wenn der Teufel böse ist, wie kann er dann lieb sein?«). Auch aus solchen Verwirrungen und Zweideutigkeiten speist sich der schöpferische Prozess, beim Dichter wie beim Kind und bei jedem beliebigen Menschen. Der kleine Erzähler hat sich der Metapher bedient und die Fügung »lieber Teufel« frei variiert … Die Parallele zum musikalischen Prozess wird erneut evident ... Was die Struktur betrifft, erscheint die Geschichte als in zwei deutlich voneinander unterschiedene Teile zerlegt, wobei jeder Teil in einem Dreitakt aufgebaut ist.

Erster Teil:
1. der Priester
2. der Cowboy
3. der Indianer

Zweiter Teil:
1. der liebe Teufel
2. der böse Teufel
3. der liebe Teufel

Analytischer ist der erste Teil, in welchem die Melodie sozusagen einfach dreimal nach einem Schema A-B wiederholt wird:

A Was machst du?
B Ich mache einen Priester wie dich.
A Was machst du?
B Ich mache einen Cowboy wie dich.
A Was machst du?
B Ich mache einen Indianer wie dich.

Schneller und bewegter ist der zweite Teil mit dem nicht mehr verbalen, sondern körperlichen Zusammenstoß zwischen dem Kind und dem Passanten (Teufel).

Zuerst ein Andantino, dann ein Allegro presto. Ein instinktiver Sinn für Rhythmus drückt sich in dieser Gestaltung eindeutig aus.

An dieser Stelle gebe ich mehr aus Gewissenhaftigkeit

denn zur notwendigen Klärung einen Einwand wieder, der gegen die Geschichte erhoben wurde: bei der Begegnung mit dem Teufel ist die Knetmasse nicht mehr vorhanden, und das könnte die Geschichte möglicherweise der Logik und den Schluss des erholsamen Dreiklangs berauben, den alle erwarten.

Davon stimmt gar nichts. Die »Knetmasse« und die »Kacke« sind ein und dasselbe. Das Kind hätte aufwendig erklären können, dass Pierino mit Knete nach dem Teufel schmiss und dass sie fast genau wie das andere aussah und der Teufel sie in seiner Dummheit damit verwechselte. Aber das wäre ziemlich schulmeisterlich gewesen.

Das Kind hat beide Bilder zu einem verdichtet: die Imagination hat sie für das Kind nach dem Gesetz der »traumhaften Verdichtung«, auf die weiter oben bereits hingewiesen wurde, komprimiert. Irrtum ausgeschlossen. Die Logik der Phantasie kann als völlig befriedigt gelten. Aus der Analyse müsste hervorgegangen sein, aus welch vielfältigen Bestandteilen sich die Geschichte zusammenfügte: da sind die Worte, ihr Klang, ihre Bedeutungen, ihre unvorhergesehene Verflechtung; persönliche Erinnerungen, das Hervorpreschen des Unbewussten; die Zwänge der Zensur. Das alles vereinte sich auf der Ebene der verbalen Äußerung zu einer Handlung, die dem Kind intensive Befriedigung brachte. Die Imagination war das Instrument, aber in den schöpferischen Akt war die ganze Persönlichkeit des Kindes einbezogen.

Bei der Beurteilung kindlicher Texte wendet die Schule leider vorwiegend der orthographisch-grammatikalisch-syntaktischen Ebene ihre Aufmerksamkeit zu, welche die eigentliche »sprachliche« Ebene noch nicht einmal streift, ganz zu schweigen von der vernachlässigten Komplexität ihrer Inhalte. Tatsache ist, dass in der Schule Texte nur gelesen werden, um sie einzuschätzen und zu klassifizieren und nicht, um sie zu begreifen. Das Sieb der Schulweisheit sammelt und bewertet die Kieselsteine, das Gold aber lässt es durchrutschen …

Geschichten zum Lachen

Das Kind, das die Mutter den Löffel in das Ohr statt in den Mund stecken sieht, lacht, weil »Mama es falsch macht«: sie ist so groß und weiß noch nicht einmal, wie man den Löffel richtig benutzt, so wie es sich gehört. Dieses »überlegene Lachen« (vgl. *Der Sinn für das Komische beim Kind* von Raffaele La Porta) gehört zu den ersten Formen des Lachens, dessen das Kind fähig ist. Dass die Mutter es mit Absicht falsch macht, spielt überhaupt keine Rolle: ihre Geste ist auf jeden Fall eine falsche Geste. Wenn die Mutter nach zwei- bis dreimaliger Wiederholung dieser Geste den Löffel zur Abwechslung ans Auge führt, wird das »überlegene Lachen« zu einem »Lachen der Überraschung« verstärkt. Diese höchst einfachen Mechanismen sind den Erfindern filmischer »Gags« sehr vertraut. Der Psychologe würde dazu sagen, dass auch das »überlegene Lachen« ein Werkzeug der Erkenntnis ist, da es gleichsam mit dem Widerspruch zwischen *richtigem und falschem Gebrauch* des Löffels spielt.

Die einfachste Möglichkeit, komische Geschichten zu erfinden, entsteht durch die Ausbeutung des Irrtums. Die allerersten Geschichten werden eher gestisch als verbal sein. Der Vater fährt mit den Händen in die Schuhe. Er setzt sich die Schuhe auf den Kopf. Er will die Suppe mit dem Hammer essen … Ach, wenn der Herr Vater Monaldo Leopardi doch ein bisschen den Clown zu Nutz und

Frommen seines kleinen Giacomo gespielt hätte, dort, in seinem »wilden Nest«; der erwachsene Dichter hätte es ihm vielleicht damit entgolten, dass er ein Gedicht über ihn geschrieben hätte. Stattdessen mussten wir bis zu Camillo Sbarbaro warten, um einen Vater aus Fleisch und Blut in einem Gedicht zu erleben ...

Der kleine Ciacomo sitzt auf dem Stühlchen vor seinem Brei. Da wird die Tür aufgestoßen und herein tritt der Hochwohlgeborene Vater, als Landarbeiter verkleidet. Er spielt auf der Querpfeife und ... tanzt einen Hüpfer ... Ach, ach, Herr Graf und Vater Leopardi, du hast rein gar nichts begriffen ...

Aus verkehrten Gesten entstehen dann die eigentlichen Geschichten, die ihrerseits ganze Lawinen verkehrter Figuren ins Rollen bringen.

Ein Herr Sowieso geht zum Schuhmacher, um sich ein Paar Schuhe für die Hände anfertigen zu lassen. Dieser Mann geht nämlich auf den Händen. Mit den Füßen isst er und spielt Harmonium. Er ist ein verkehrter Mensch. Er spricht verkehrt. Das Wasser nennt er »Brot« und Abführpillen bezeichnet er als »Zitronenplätzchen« ...

Ein Hund kann nicht bellen. Er glaubt, dass eine Katze ihm das beibringen kann, aber von ihr lernt er natürlich nur miauen. Er geht zu einer Kuh und lernt das Muhen: muuh! ...

Ein Pferd möchte lernen, auf der Schreibmaschine zu schreiben. Mit seinen Hufen zertrümmert es Dutzende von Schreibmaschinen. Es bekommt eine Sonderanfertigung, die so groß wie ein Haus ist: es schreibt, indem es über die Tasten galoppiert ...

Mit einem besonderen Aspekt des »überlegenen Lachens« muss man indes vorsichtig sein. Wenn man ihn nicht beachtet, kann er leicht in eine konservative Funktion umschlagen, sich mit dem plattesten und tückischsten Konformismus verbünden. Hier liegt der Angelpunkt für eine bestimmte Art reaktionärer »Komik«, die das Neue, das Ungewohnte ins Lächerliche zieht: den Mann, der fliegen will wie ein Vogel, die Frauen, die Politik machen wollen, all jene, die nicht denken und reden wie die anderen, wie die Traditionen und Vorschriften es verlangen ... Damit dieses Lachen eine positive Rolle spielt, müssen seine Pfeile auf die verknöcherten Ideen, auf die Furcht vor Veränderungen, auf die Scheinheiligkeit der Norm gerichtet sein. Die antikonformistischen »verkehrten Figuren« aus unseren Geschichten müssen erfolgreich sein. Ihr »Ungehorsam« gegenüber der Natur oder der Norm muss belohnt werden. Es sind immer die Ungehorsamen, die die Welt voranbringen!

Eine Vielzahl »verkehrter Figuren« ist an ihrem komischen Namen erkennbar. »Herr Kochtopfhalter wohnte in einem Land, das Töpfchen hieß«: in diesem Fall ist es der Name selbst, der die Geschichte in dem Augenblick auslöst, in dem die banale Bedeutung des gewöhnlichen Namens erweitert und auf die gehobenere Ebene des Eigennamens versetzt wird, wo er wie eine Giraffe aus einem Chor von Zisterziensermönchen herausragt. Eine Figur, die sich »Perlimplin« nennt, um ein einfaches Beispiel zu wählen, ist sicher komischer als eine, die Karlchen heißt. Zumindest am Anfang. Dann wird man weitersehen.

Komische Wirkungen mit Überraschungseffekt kann man erreichen, wenn man umgangssprachliche Metaphern beim Wort nimmt. Bereits Viktor Schklowski schrieb, dass einige erotische Erzählungen des *Dekameron* lediglich aus volkstümlichen Metaphern abgeleitet wurden, die sexuelle Vorgänge bezeichnen (»den Teufel in die Hölle schicken«, »die Nachtigall« u. Ä.). In der gesprochenen Sprache bedienen wir uns vieler Metaphern, verschlissen wie alte Schuhe. Wir sagen von einer Uhr, dass sie die »Stunde schlägt« und bleiben dabei völlig gleichmütig, weil wir dieses Bild Hunderte Male selbst benutzt oder es gehört haben.

Für ein Kind kann das noch etwas Neues sein, in einer Situation, wo »schlagen« auf »jemand einschlagen« bedeutet, in der Bedeutung von »wehtun«.

> Es war einmal eine Uhr, die schlug die Stunden. Sie schlug auch Schlagsahne und Bösewichte. Sie war einfach angriffslustig …

(Und siehe da, durch bloße Kombination nimmt der Nonsens die Bedeutung einer Parabel über die Zeit an, der nichts zu widerstehen vermag …)

Wenn wir aus Versehen mit einem Stein Fußball spielen, »sehen wir Sterne«, wie wir sagen, ohne Astronomen zu sein. Auch dieser Ausdruck bietet sich zu interessanten Weiterentwicklungen an.

> Es war einmal ein König, der gar zu gern Sterne sah. Das gefiel ihm so sehr, dass er sie am liebsten auch bei Tage gesehen hätte. Aber was tun? Der Hofmedikus riet ihm zu einem Hammer. Der König versucht, sich mit dem Hammer auf die Zehen zu schlagen, und tatsächlich, er »sieht Sterne« am helllichten Tag, aber die Methode sagt ihm nicht zu. Lieber soll sich der Hofastronom der Hammerprozedur unterziehen und ihm die Sterne beschreiben, die er sieht: »Au!! … Ich sehe einen grünen Kometen mit einem lila Schweif … Au!

Ich sehe neun Sterne, sie kommen zu dritt wie die Heiligen Drei Könige einher ...« – Der Astronom flieht in ein fernes Land. Der König beschließt, möglicherweise unter dem Einfluss von Massimo Bontempelli, den Sternen in ihrem Lauf zu folgen: jeden Tag umkreist er die Erde, um stets nur nachts unter gestirntem Himmel zu leben. Sein Hof befindet sich an Bord eines Düsenflugzeuges ... Die Umgangssprache und der Sprachschatz sind voller Metaphern, die nur darauf warten, beim Wort genommen und zu einer Geschichte ausgebaut zu werden. Und das umso mehr, weil sich für das kindliche Ohr noch in vielen alltäglichen Worten die ursprüngliche Metapher unversehrt erhalten hat.

Ein höchst produktiver Mechanismus für komische Geschichten ist die gewaltsame Einführung einer nichtssagenden Figur in einen außergewöhnlichen Rahmen (oder umgekehrt, einer außergewöhnlichen Figur in einen nichtssagenden Rahmen). Dieser Mechanismus ist in fast allen schöpferischen Verfahren präsent: von der komischen Seite wird die Potenz der »Überraschung«, das Element der »Abweichung von der Norm« ausgebeutet.

Die Einführung eines sprechenden Krokodils in ein Fernsehquiz ist nur ein Beispiel dafür. Ein anderes sehr bekanntes ist der Witz vom Pferd, das in die Kneipe kommt und ein Bier verlangt. (Der Witz kompliziert sich in seinem weiteren Verlauf durch Effekte höherer Qualität: der Wirt wundert sich, dass das Pferd ausgerechnet Bier trinkt, dabei das Glas mitfrisst und nur den Henkel wegwirft: »Das ist doch gerade das Beste«, sagt er und gibt der Geschichte so eine subtile Wendung ins Absurde. Aber das soll uns hier nicht interessieren.) Nehmen wir zur Übung anstelle des Pferdes ein Huhn, anstelle der Kneipe einen Fleischerladen …

Eines Morgens kommt ein junges Huhn zum Fleischer und verlangt Broiler aus Entenhausen, obwohl es noch gar nicht an der Reihe ist. Empörung bei den Kunden: So was von ungezogen, vor nichts mehr haben sie Respekt, wo wird das alles noch hinführen usw. … Aber der Geselle bedient das Hühnchen anstandslos. Binnen weniger Sekunden, beim Abwiegen der Ware, verliebt er sich in das junge Huhn. Er bittet bei der Mutter Glucke um seine Hand; sie heiraten. Nun ist das Hochzeitsfest zu beschreiben, in dessen Verlauf sich das Huhn einen Augenblick zurückzieht, um seinem Ehemann ein frisches Ei zu legen …

(Das ist keine antifeministische Geschichte, sondern das Gegenteil, wenn ihr sie richtig erfindet.)

Die Kinder beuten diesen Mechanismus sehr bereitwillig aus. Gewöhnlich nutzen sie ihn, um die verschiedenen Autoritäten, die sie erdulden müssen, zu »entweihen«: den Lehrer lassen sie unter die Kannibalen geraten, in einen Käfig im Zoo, in einen Hühnerstall. Wenn der Lehrer intelligent ist, hat er seinen Spaß daran; ist er es nicht, versetzt ihn das alles in Wut. Sein Pech.

Auch die völlige und radikale Umkehrung der Norm ist ein leicht zu handhabender Mechanismus und bei den Kindern sehr beliebt. Da haben wir einen Pierino (den ich in einem anderen Zusammenhang schon erwähnt hatte, indem ich ihn zu Marco und Mirko verdoppelte): er verfolgt die Gespenster und Vampire, statt Angst vor ihnen zu haben, er schlägt auf sie ein, er steckt sie in den Müllcontainer …

In diesem Fall erfolgt die Austreibung der Angst durch ein »aggressives Lachen« – das den im Stummfilm so beliebten Tortenschlachten ziemlich verwandt ist – und durch ein »grausames Lachen«, zu dem die Kinder immer aufgelegt sind, das aber ebenfalls seine Gefahren in sich birgt (wenn die Kinder beispielsweise über körperliche Behinderungen lachen, Katzen quälen, den Fliegen die Köpfe abreißen).

Fachleute haben uns erklärt, dass man über einen Stürzenden lacht, weil er sich nicht entsprechend menschlichen Normen, sondern wie ein Kegel verhält. Diese Beobachtungen, beim Wort genommen, ergeben den Mechanismus der »Verdinglichung«.

a) Robertos Onkel ist von Beruf Kleiderständer. Er steht im Vorraum eines Luxusrestaurants und hält die Arme ausgestreckt. Die Gäste hängen Mäntel und Hüte an seine Arme, sie stecken Schirme und Stöcke in seine Taschen …

b) Herr Dagobert ist von Beruf Schreibpult. Wenn der Firmenchef seinen Rundgang durch die Fabrik macht, geht er neben ihm, und wenn der Chef sich etwas aufschreiben will, bückt sich Herr Dagobert, und der Chef schreibt auf seinem Rücken …

Das anfänglich grausame Lachen weicht nach und nach einem Gefühl der Beunruhigung. Die Situation ist komisch, aber ungerecht. Man lacht, ist aber traurig. Unversehens sind wir in das Gefilde von Pirandellos Auffassungen über Humor und seine Spielarten eingedrungen. Und hier machen wir halt, um unsere Ausführungen nicht zu komplizieren.

Die Mathematik der Geschichten

Andersens berühmtes Märchen vom *Hässlichen Entlein* – das heißt, von dem Schwan, der aus Versehen in eine Entenschar verschlagen wurde – lässt sich in mathematischen Termini ausdrücken als »Abenteuer eines Elements A, das aus Versehen in die Menge der Elemente B geriet, wo es keine Ruhe findet, bis es in seine natürliche Menge zurückkehrt, nämlich die der Elemente A …«

Die Tatsache, dass Andersen nicht in mengentheoretischen Termini denken konnte, ist ohne Bedeutung. Ebenso bedeutungslos ist es, dass ihn wahrscheinlich noch nicht einmal der Gedanke streifte, mit den ihm bekannten Klassifikationen Linnés zu spielen. Er hatte völlig anderes im Sinn, vor allem die Parabel seines eigenen Lebens, vom »hässlichen Entlein« zum Schwan von Dänemark. Aber der Verstand ist ein Ganzes, und es gibt in ihm keinen Winkel, der sich der gedanklichen Bewegung und Aktivität entziehen könnte, in welcher Absicht auch immer. Ohne sein Dazutun ist die Erzählung auch eine logische Übung. Und es fällt schwer, Grenzen zwischen den Vorgängen der phantastischen Logik und der Logik schlechthin zu ziehen.

Das Kind, welches die Erzählung vernimmt oder liest und dessen Ergriffenheit in Begeisterung umschlägt, wenn es im Schicksal des hässlichen Entleins die sichere Verheißung eines glücklichen Ausgangs entdeckt, vermag nicht zu erkennen, dass die Geschichte seinem Bewusstsein die Keimform einer logischen Struktur aufprägt: die Tatsache aber besteht.

Jetzt erhebt sich folgende Frage: Ist es statthaft, den umgekehrten Weg einzuschlagen, von einem rationalen Kalkül auszugehen, um ein Märchen zu finden, eine logische Struktur für eine Erfindung der Phantasie zu benutzen? Ich glaube ja.

Wenn ich den Kindern die Geschichte eines verirrten Kükens erzähle, das sich auf die Suche nach der Mutter begibt und sie zuerst in einer Katze wiederzuerkennen glaubt (»Mama!« – »Miau, verschwinde oder ich fresse dich!«), dann in einer Kuh, in einem Motorrad, in einem Traktor ... und das schließlich die Glucke trifft, die es suchte und sich nach den seinetwegen ausgestandenen Ängsten mit ein paar Ohrfeigen Luft macht (die dieses Mal glückselig empfangen werden), solidarisiere ich mich grundsätzlich mit einem elementaren Bedürfnis der Kinder, stets die Gewissheit zu haben, die Mutter wiederzufinden. Vor dem tröstlichen Schluss lasse ich sie die Spannung durchleben, die ihnen von der selbst schon oft empfundenen Angst, die Eltern zu verlieren, eingegeben wird; ich rühre an bestimmte Mechanismen des Lachens; zur gleichen Zeit aber setze ich in ihrem Bewusstsein einen Prozess in Gang, der von grundlegender Bedeutung ist, wenn Instrumente der Erkenntnis hervorgebracht werden sollen. Während sie zuhören, üben sie sich darin, mögliche Mengen von Lebewesen und Gegenständen zu klassifizieren, zu konstruieren und unmögliche Mengen auszuschließen. Vorstellungskraft und Überlegung stellen beim Zuhören für sie eine Einheit dar, und wir sind nicht imstande vorauszusagen, ob das, was am Ende der Geschichte in ihnen auf Dauer zurückbleibt, eine bestimmte Emotion oder eine bestimmte Haltung gegenüber der Realität ist.

Eine andere Geschichte, die dem Kind in diesem Rahmen zu erzählen wäre, ist die, die ich als das »Wer-bin-ich-Spiel« bezeichnen möchte.

Ein Kind fragt die Mutter: Wer bin ich? – Du bist mein Kind, antwortete die Mutter. Auf dieselbe Frage werden unterschiedliche Personen unterschiedliche Antworten geben: Du bist mein Enkel, sagt der Großvater; du bist mein Bruder, sagt der Bruder; du bist ein Fußgänger, ein Radfahrer, sagt der Verkehrspolizist; mein Freund, sagt der Freund ... Die Erkundung der Mengen, denen das Kind angehört, ist ein erregendes Abenteuer. Es entdeckt, dass es Sohn, Enkel, Bruder, Freund, Fußgänger, Radfahrer, Leser, Schüler, Fußballspieler sein kann: es entdeckt also seine vielfältigen Verbindungen mit der Welt. Die wesentliche Leistung, die es vollbringt, ist logischer Natur. Die Emotion verstärkt sie.

Ich kenne Lehrer, die für die Kinder und mit ihnen wunderschöne Geschichten erfinden, indem sie »logische Bausteine«, arithmetisch strukturiertes Material, mengentheoretische Spielmarken beisteuern, diese personifizieren und ihnen phantastische Rollen zuschreiben. Das ist keine »andere Art« Mengenlehre zu betreiben, im Gegensatz zur operativ-manuellen Methode, die im Unterricht in der Unterstufe gefordert wird, sondern nach wie vor dieselbe, jedoch durch Sinngehalte angereichert. Sie wendet sich nicht nur an die Fähigkeit des Kindes, »mit den Händen zu begreifen«, sondern auch an die genauso kostbare Fähigkeit, »mit der Phantasie zu begreifen«.

Im Grunde genommen ist dann die Geschichte vom Blauen Dreieck, das seine Wohnung zwischen den Roten Quadraten, den Gelben Dreiecken, den Grünen Kreisen usw. sucht, weiter nichts als die nachgestaltete, mit etwas Gefühl neu erfundene und nacherlebte Geschichte vom *Hässlichen Entlein,* was ihr eine persönliche Färbung verleiht.

Schwieriger ist das gedankliche Verfahren, durch das begreiflich gemacht werden soll, dass »a plus b gleich b plus a« ist. Nicht alle Kinder schaffen das vor ihrem sechsten Lebensjahr.

Giacomo Santucci, Direktor für Didaktik aus Perugia, fragt die Schüler aus der ersten Klasse regelmäßig: Hast du einen Bruder? – Ja. – Und hat dein Bruder einen Bruder? – Nein, lautet in neun von zehn Fällen die köstliche und entschiedene Antwort. Es mag sein, dass diesen Kindern nicht in ausreichender Anzahl Märchen erzählt worden sind, in denen der Zauberstab der Fee oder eine Beschwörungsformel des Zauberers mit derselben Leichtigkeit bestimmte Operationen und ihr Gegenteil herbeiführen können: einen Menschen in eine Maus verwandeln und eine Maus in einen Menschen zurückverwandeln. Derartige Geschichten können *(unter anderem* sei hinzugefügt, um keine Missdeutungen aufkommen zu lassen) dem Bewusstsein bestens helfen, sich das Instrument der Umkehrbarkeit zu schaffen.

Ein armer Teufel ist, wer weiß woher, in die Stadt verschlagen worden, er muss zuerst die Straßenbahnlinie 3 und dann die 1 nehmen, um zum Domplatz zu kommen, und er glaubt, einen Fahrschein zu sparen, wenn er stattdessen die Straßenbahnlinie 4 nimmt (drei plus eins): eine solche Geschichte kann dem Kind helfen, zwischen sinnvollen und sinnlosen Additionen zu unterscheiden. Vor allem aber wird es selbstverständlich seinen Spaß daran haben.

Laura Conti hat im *Giornale dei genitori* berichtet, dass sie sich als Kind folgendes Bild vorstellte: »In einem *kleinen* Garten steht eine *große* Villa, in der *großen* Villa ist ein *kleines* Zimmer, in dem *kleinen* Zimmer ist ein *großer* Garten ...« Dieses Spiel über das Verhältnis von »groß« und »klein« stellt eine erste Eroberung der Relativität dar. Ich glaube, dass es höchst sinnvoll ist, Geschichten zu erfinden, deren Protagonisten Gegensatzpaare wie »klein–groß«, »hoch–niedrig«, »mager–fett«, usw. sind.

Es war einmal ein kleines Nilpferd. Und es war auch ein dicker Brummer. Der dicke Brummer trieb oft seinen Spaß mit dem kleinen Nilpferd, weil es klein war ... Und so weiter (bis zu der Entdeckung, dass ein kleines Nilpferd immer noch viel größer als ein dicker Brummer ist).

Beständig lassen sich Reisen »zum Kleinsten« oder »zum Größten« ausdenken. Es gibt immer eine Figur, die kleiner als die kleinste ist. Es gibt immer (die Geschichte ist von Enrica Agostinelli) eine dicke Frau, die noch *dicker* als eine andere dicke Frau ist, die so schrecklich leidet, weil sie dick ist ...

Ein anderes Beispiel, um die Relation und die Relativität von »wenig« und »viel« zu veranschaulichen.

Ein Herr hatte dreißig Autos. Die Leute sagten: Oh, *wie viele Autos* er hat ... Dieser Herr hatte auch dreißig Haare. Und die Leute sagten: I, *wie wenig Haare* er hat ... Schließlich blieb ihm weiter nichts übrig, als sich eine Perücke zu kaufen. Und so weiter.

Grundlage jeglicher wissenschaftlichen Arbeit ist das Messen. Es gibt ein Spiel für Kinder, das sicher von einem großen Mathematiker erfunden worden ist: das Schrittespiel. Das Kind, das das Spiel leitet, befiehlt seinen Spielkameraden, jeweils »drei Löwenschritte«, »einen Ameisenschritt«, »einen Krebsschritt«, »drei Elefantenschritte« usw. zu machen. So wird der Spielraum beständig gemessen und neu gemessen, nach verschiedenen Größenordnungen einer fiktiven Maßeinheit geschaffen und neu geschaffen.

Dieses Spiel kann sehr vergnüglichen mathematischen Übungen zugrunde gelegt werden, um herauszufinden,

»wie viel Schuhlängen der Klassenraum hat«, »wie viel Löffel hoch Karlchen ist«, »wie viel Korkenzieher es vom Tisch zum Ofen sind …« Der Schritt vom Spiel zur Geschichte ist kurz.

> Ein Kind hat um neun Uhr früh den Schatten der Pinie im Schulhof gemessen: *er ist dreißig Schuh lang.* Ein anderes Kind, das neugierig geworden ist, geht um elf nach unten und wiederholt die Messung: *der Schatten ist nur zehn Schuh lang.* Diskussionen, Streit. Gemeinsam messen beide Kinder den Schatten um zwei Uhr nachmittags und finden eine dritte Größe. *Das Geheimnis des Pinienschattens* könnte der Titel einer Geschichte sein, die sich gleichzeitig erleben und erzählen lässt.

Die Technik, mit der sich Geschichten mathematischen Inhalts »durchführen« lassen (nennen wir es einmal so), unterscheiden sich nicht von derjenigen, die wir hier und dort im Zusammenhang mit anderen Geschichten darlegten. Wenn eine Figur »Herr Lang« heißt, dann enthält der Name sein Schicksal, seine Natur schließt Abenteuer und Pechsträhnen ein; man braucht nur den Namen zu analysieren, um daraus die Geschehnisse abzuleiten. Er verkörpert eine bestimmte Maßeinheit der Welt, einen besonderen Standort, der Vor- und Nachteile hat. Er kann höher als alle nach oben schauen, aber er bricht auch oft auseinander, so dass man die einzelnen Stücke geduldig zusammenfügen muss … Wie jedes andere Spielzeug und jede andere Figur bietet er sich als Symbol an. Unterwegs kann er seinen mathematischen Ursprung verlieren, um andere Bedeutungen anzunehmen; dann muss man es der Phantasie überlassen, ihm soweit wie möglich zu folgen, ohne ihn in ein Schema der Absichten und des Intellekts zu pressen. Damit eine Geschichte gelingt, muss man ihr immer getreu in der Gewissheit dienen, dass die Ausübung der Treue hundert zu eins belohnt wird, wie es auch zu Recht im Evangelium heißt, wenn es empfiehlt, an das Himmelreich zu denken, alles andere ergebe sich von selbst.

Das Kind, das Märchen hört

Um die Erfahrung eines drei- oder vierjährigen Kindes zu ergründen, dem die Mutter ein Märchen vorliest oder erzählt, können wir uns nur auf wenige gesicherte Faktoren stützen und sind unsererseits gezwungen, auf die Imagination zurückzugreifen. Wir würden uns jedoch irren, wollten wir unseren Ausgangspunkt in dem Märchen selbst und dessen Inhalt suchen; in der von dem Kind erlebten Situation müssen die wichtigsten Dinge nicht notwendig auf das Märchen bezogen sein.

Vor allem ist das Märchen für das Kind ein ideales Hilfsmittel, den Erwachsenen in seiner Nähe zu halten. Die Mutter hat immer so viel zu tun, der Vater kommt und geht nach einem geheimnisvollen Rhythmus, der eine Quelle fortwährender Beunruhigung ist. Nur selten hat der Erwachsene Zeit, so mit dem Kind zu spielen, wie es das möchte, nämlich mit Hingabe und uneingeschränkter Konzentration. Mit dem Märchen ist das jedoch anders. Solange es andauert, ist die Mutter voll und ganz für das Kind da, ihre Gegenwart ist beständig und tröstlich, sie gibt dem Kind Schutz und Sicherheit. Das heißt nicht, dass das Kind wirklich oder ausschließlich nur am Märchen oder dessen Verlauf interessiert ist, wenn es nach dem ersten ein zweites Märchen verlangt; vielleicht will es lediglich die angenehme Situation nach Möglichkeit in die Länge ziehen und die neben dem Bett oder in ihrem bequemen Sessel, um nicht »Lehnstuhl« zu sagen, sitzende Mutter länger bei sich behalten. Sie soll schön gemütlich sitzen, damit es ihr gar nicht erst einfällt, sich allzu schnell davonzumachen …

Während der ruhige Strom des Märchens zwischen beiden dahinfließt, kann das Kind endlich die Mutter mit Muße genießen, ihr Gesicht in allen Einzelheiten betrachten, sich die Augen, den Mund, die Haut genau ansehen … Es hört wohl zu, aber es erlaubt sich auch gelegentlich eine Abschweifung beim Zuhören, so, wenn es beispielsweise das Märchen bereits kennt (und ebendeshalb hat das pfiffige Kind vielleicht eine Wiederholung verlangt) und lediglich zu überprüfen braucht, ob es den gewohnten Verlauf nimmt. Seine Hauptbeschäftigung indessen besteht möglicherweise darin, die Mutter oder den Erwachsenen zu betrachten, was ihm selten lange genug vergönnt ist.

Die Stimme der Mutter erzählt ihm nicht nur von Rotkäppchen oder vom kleinen Däumling, sie spricht auch von sich selbst. Ein Semiotiker würde sagen, dass das Kind in diesem Falle nicht nur am *Inhalt* und seinen *Formen,* nicht nur an den *Ausdrucksformen* interessiert ist, sondern auch an der *Substanz des Ausdrucks,* das heißt, an der mütterlichen Stimme, an den Zwischentönen, der Lautstärke, den Modulationen, an ihrer Zärtlichkeit übertragenden Musik, welche die Knoten der Beunruhigung auflöst und die Phantome der Angst verschwinden macht.

Danach oder sogar gleichzeitig stellt sich der Kontakt zur Muttersprache, zu ihren Worten, Formen, Strukturen her. Es wird uns nie gelingen, den Augenblick festzuhalten, in dem das Kind beim Anhören eines Märchens eine bestimmte

Beziehung zwischen den Begriffen des Vorgelesenen in sich aufnimmt, wenn es den Gebrauch eines verbalen Modus, die Funktion einer Präposition erfasst. Ich bin mir jedoch sicher, dass das Märchen das Kind reichlich mit Informationen über die Sprache versorgt. Teil seiner Anstrengung, das Märchen zu verstehen, ist das Bemühen, die einzelnen Wörter zu erfassen, aus denen es besteht, Analogien zwischen ihnen herzustellen, Ableitungen vorzunehmen, das Feld einer Bedeutung, die Grenzen eines Synonyms, den Einflussbereich eines Adjektivs zu erweitern oder einzuengen, zu präzisieren oder richtigzustellen. Bei seiner »Entschlüsselung« ist dieses Element sprachlicher Aktivität kein Anhängsel, sondern genauso ausschlaggebend wie die anderen. Und ich rede von »Aktivität«, um auch in diesem Zusammenhang zu unterstreichen, dass das Kind aus dem Märchen, aus der Situation, aus allen realen Ereignissen der Wirklichkeit in einem kontinuierlichen Auswahlverfahren all das herauslöst, was es interessiert und was ihm nützlich ist.

Wozu dient ihm das Märchen noch? Um das Bewusstsein zu strukturieren, um Beziehungen wie »ich und die anderen«, »ich und die Dinge«, »die wirklichen Dinge und die erfundenen Dinge« herzustellen. Es hilft ihm auch, Abstände im Raum (weit, nahe) und Zeit (früher–jetzt, zuerst–danach, gestern–heute–morgen) zu realisieren. Das »Es war einmal« des Märchens unterscheidet sich nicht von dem »Es war einmal« der Geschichte, selbst wenn die Wirklichkeit des Märchens – was das Kind sehr schnell herausfindet – sich von der Wirklichkeit, in der es lebt, unterscheidet.

Ich erinnere mich an einen Dialog mit einem dreijährigen Mädchen, das mich fragte: »Und dann, was mache ich dann?«

»Dann gehst du zur Schule.«
»Und dann?«
»Dann in eine andere Schule, um mehr zu lernen.«
»Und was dann noch?«
»Du wirst groß und heiratest ...«
»Ach wo ...«
»Warum?«
»Weil ich doch gar nicht aus dem Märchen komme, ich bin doch in der richtigen Welt.«
»Heiraten« war für sie ein Verb, das Wort, mit dem alle Märchen aufhören, das Schicksal der Prinzessinnen und ihrer Prinzen: in einer Welt, die nicht die ihre war.

Unter diesem Gesichtspunkt stellt das Märchen eine nützliche Einweisung ins Menschsein dar, in die Welt der menschlichen Geschichte, wie Italo Calvino im Vorwort zu den *Italienischen Märchen* schrieb, in die Welt der Geschichte.

Es wurde zu Recht gesagt, dass die Märchen ein reiches Repertoire an Charakteren und Schicksalen bieten, in welchem das Kind Hinweise auf die Wirklichkeit, die es noch nicht kennt, und auf die Zukunft, die ihm noch unvorstellbar ist, findet. Es ist des Weiteren gesagt worden, und das ebenfalls zu Recht, dass die Märchen zumeist archaische, überholte kulturelle Modelle widerspiegeln, die im Widerspruch zu der sozialen und technologischen Realität stehen, in die das Kind hineinwächst. Der Einwand zerschlägt sich indes, wenn man bedenkt, dass die Märchen für das Kind eine Welt an sich darstellen, ein Puppentheater, von dem uns ein dichter Vorhang trennt. Es handelt sich nicht um Gegenstände der Nachahmung, sondern um solche der Kontemplation. Und die Kontemplation wirkt aktivierend, indem sie beim Zuhören den Interessen des Zuhörers Vorrang vor den Inhalten der Märchen einräumt. Sobald das Märchen jedoch in der realistischen Phase der Kindheit seine inhaltsbezogene Phase erreicht, hört es auf, das Kind zu interessieren, eben weil seine »Formen« ihm nicht mehr das Rohmaterial für sein Handeln liefern.

Man hat den Eindruck, dass das Kind in den Strukturen des Märchens die Strukturen der eigenen Imagination erschaut und sie sich gleichzeitig selber schafft, indem es sich ein unerlässliches Instrument zum Erkennen und zur Beherrschung der Wirklichkeit entwickelt.

Das Zuhören ist Gewöhnung. Das Märchen hat für das Kind die gleiche Ernsthaftigkeit und Wahrhaftigkeit wie das Spiel; es dient ihm dazu, sich zu engagieren, sich zu erkennen, sich zu messen; zum Beispiel, sich mit der Angst zu messen. Alles das, was über die negativen Folgen gesagt wird, die die »Schrecken« der Märchen für die Kinder haben könnten – monströse Geschöpfe, furchterregende Hexen, Blut, Tod (der kleine Däumling, der den sieben Töchtern des Menschenfressers die Köpfe abschlägt) –, erscheint mir nicht überzeugend. Es hängt von den Bedingungen ab, unter denen das Kind, sagen wir einmal, dem Wolf begegnet. Wenn die Stimme der Mutter ihn in der Ruhe und Geborgenheit der familiären Situation heraufbeschwört, kann das Kind ihm ohne Angst entgegentreten. Es kann »spielen, Angst zu haben« (ein Spiel, dessen Sinn in der Entwicklung der Abwehrmechanismen liegt), weil es dessen gewiss ist, dass die Kraft des Vaters und der Pantoffel der Mutter ausreichen würden, den Wolf zu vertreiben.

»Wenn du dagewesen wärst, hättest du ihn fortgejagt, nicht wahr?«
»Selbstverständlich, mit einer Tracht Prügel.«

Wenn das Kind aber quälende Angst verspürt, gegen die es wehrlos ist, muss man schlussfolgern, dass die Angst in ihm war, bevor der Wolf in der Geschichte auftauchte: die Angst steckte in ihm, in einer konfliktgeladenen Tiefe. Der Wolf ist dann das *Symptom*, welches die Angst zutage fördert, nicht deren *Ursache* …

Erzählt eine Mutter die Geschichte des mitsamt seinen Geschwistern im Wald verlassenen kleinen Däumlings, befürchtet das Kind nicht, dass ihm das gleiche Schicksal widerfährt, und es kann seine ganze Aufmerksamkeit auf die wohlbekannte Schläue des winzigen Helden richten. Wenn die Mutter nicht da ist, wenn die Eltern weg sind und ein anderer ihm dieselbe Geschichte erzählt, kann sie das Kind durchaus in Angst versetzen: aber nur deshalb, weil sie ihm seinen Zustand der »Verlassenheit« bewusstmacht. Und wenn die Mutter nicht wiederkäme? Das ist der Gegenstand seiner plötzlichen Angst. Da ist der auf die »Achse des Zuhörens« projizierte Schatten unbewusster Ängste und Erfahrungen von Verlassenheit: die Erinnerung an jenes eine Mal, als das Kind aufwachte und rief und rief, und niemand antwortete ihm. Die »Entschlüsselung« erfolgt also nicht nach Gesetzen, die für alle gleich sind, sondern nach ureigenen, ganz persönlichen Gesetzen. Man kann nur in groben Zügen von einem typischen »Zuhörer« sprechen; in Wirklichkeit gleicht kein Zuhörer dem anderen.

Das comiclesende Kind

Wenn es eine »Achse des Zuhörens« gibt, dann gibt es auch eine »Achse des Lesens«. Sie zu erkunden, während man der gedanklichen Arbeit eines comiclesenden Kindes folgt oder sie nachvollzieht, müsste zu interessanten Entdeckungen führen.

Das Kind ist sechs, sieben Jahre alt. Es hat die Phase hinter sich, in der es sich den Comic vom Vater vorlesen ließ oder sich eine eigene Leseart erfand, indem es die Zeichnungen nach ihm allein bekannten Gesichtspunkten interpretierte. Jetzt kann es lesen. Der Comic ist seine erste wirklich freiwillige und motivierte Lektüre. Es liest, weil es wissen will, was geschieht, und nicht, weil ihm diese Aufgabe gestellt worden ist. Es liest für sich, nicht für andere (den Lehrer) und auch nicht, um einen guten Eindruck zu machen (die Zensur).

Zuerst muss es die handelnden Personen in den aufeinanderfolgenden Situationen bestimmen und wiedererkennen, auf einen Nenner bringen, worin ihre Identität besteht, die sie in unterschiedlichen Positionen mit wechselndem Ausdruck und in unterschiedlichen Ausmalungen darbieten, deren Bedeutung das Kind selbst interpretiert: rot der Zorn; gelb die Angst ... Aber der Kodex der »psychologischen Farbe« ist nicht festgeschrieben, der Zeichner kann ihn von Mal zu Mal neu schaffen, er kann immer wieder entdeckt und rekonstruiert werden.

Den Figuren muss das Kind eine Stimme zuordnen. Der Ausgangspunkt einer jeden Sprechblase ist allerdings fast immer genau festgelegt: es ist der Mund, wenn die Figur spricht; es ist der Kopf, wenn die Figur denkt (und auch die Unterscheidung von gesprochenen und nur gedachten Äußerungen erfordert die genaue Wahrnehmung bestimmter Signale).

Wenn die Personen miteinander sprechen, muss das Kind der einen oder der anderen die einzelnen Sätze zuordnen, es muss begreifen, in welcher Reihenfolge sie ausgesprochen werden (nicht immer entspricht der zeitliche

Ablauf im Comic der typographischen Zeile von links nach rechts), ob sie gleichzeitig gesprochen werden, ob die eine Person spricht und die andere denkt, ob eine etwas sagt und etwas ganz anderes denkt usw.

Gleichzeitig muss das Band die Umwelt erkennen und unterscheiden, das Innere und das Äußere, Veränderungen und deren Einfluss auf die Figuren registrieren, die Elemente erfassen, die vorwegnehmen, was der Figur passieren kann, wenn sie eine bestimmte Sache unternimmt oder an einen bestimmten Ort geht, ohne es selbst zu wissen, denn diese Figur ist nicht allwissend wie der aufmerksame Leser. Im Comic ist die Umwelt fast nie dekorativ, sondern funktional zu der Erzählung und deren Struktur.

Um die Leerräume zwischen zwei Zeichnungen auszufüllen, bedarf es eines aktiven, sogar sehr aktiven Einsatzes der Imagination. Im Kino oder vor dem Fernsehschirm folgen die Bilder kontinuierlich aufeinander und beschreiben Punkt für Punkt den Fortlauf der Handlung. Im Comic kann die Handlung in der ersten Zeichnung beginnen und in der folgenden abgeschlossen werden und sämtliche Zwischenstufen überspringen. Die Figur, die in der ersten Zeichnung kühn zu Pferde saß, liegt in der nächsten im Straßenstaub: der wirkliche Sturz bleibt völlig der Phantasie überlassen. Von einer bestimmten Geste ist die Wirkung sichtbar, nicht aber der Ablauf. Die Gegenstände erscheinen in einer vertauschten Anordnung: man muss sich den Bewegungsablauf eines jeden von der ursprünglichen bis zu der neuen Anordnung vorstellen. Diese gesamte Arbeit wird dem Verstand des Lesers überlassen. Während der Film Klartext ist, entspricht der Comic einem Stenogramm, von dem man auf den Text schließen muss.

Indessen darf der Leser nicht die in den jeweiligen Sprechblasen angezeigten Geräusche aus dem Auge verlieren, er muss die Nuancen erfassen (ein »squash« ist kein »screek«) und die Ursache ausmachen. In den banalsten Comics ist das Alphabet der Geräusche äußerst beschränkt und grobschlächtig. In den lustigen oder raffinierteren werden die elementaren Geräusche oft durch neue Einfälle ergänzt, die ebenfalls dechiffriert werden müssen.

Der ganze Verlauf der Geschichte muss von der Phantasie rekonstruiert werden, die vorgegebenen Hinweise der Bildunterschriften müssen mit denen der Dialoge und der Geräusche, mit der Zeichnung und der Farbe kombiniert werden, um so alle zersplitterten Handlungsstränge, aus denen das Drehbuch besteht und dessen Fabel über lange Passagen nicht erkennbar ist, verstandesmäßig zu einem einzigen zusammenzuknüpfen. Der Leser muss allem einen Sinn geben: den Charakteren der Personen, die nicht beschrieben, sondern in Aktion gezeigt werden; ihren Beziehungen, die sich aus der Handlung und deren Verlauf ergeben; der Handlung selbst, die sich ihm lediglich sprunghaft und fragmentarisch erschließt.

Für ein sechs- bis siebenjähriges Kind erscheint mir das als eine recht anspruchsvolle Leistung, reich an Operationen der Logik und der Phantasie, und zwar unabhängig von Wert und Inhalt der Comics, die hier nicht zur Diskussion stehen. Die Phantasie des Kindes bleibt nicht untätig, sondern wird angespornt, Stellung zu nehmen, zu analysieren und zu synthetisieren, zu klassifizieren und zu entscheiden. Da ist kein Platz für leere Phantasterei, solange der Verstand zu einer komplexen Aufmerksamkeit gezwungen ist und die Phantasie aufgefordert wird, ihre vornehmsten Aufgaben wahrzunehmen.

Ich bin der Meinung, dass das Hauptinteresse des Kindes am Comic bis zu einem gewissen Grade nicht von dessen Inhalten bestimmt wird, sondern sich mit der Form und der Substanz des Ausdrucks des Comics selbst direkt verklammert. Das Kind will sich des Mittels bemächtigen, das ist der Kern. *Es liest den Comic, um zu lernen, den Comic zu lesen,* um dessen Regeln und Konventionen zu begreifen. Es genießt die Leistung seiner eigenen Phantasie mehr als die Abenteuer der handelnden Personen. Es spielt mit dem eigenen Verstand, nicht mit der Geschichte. Mag sein, dass sich die Dinge nicht so säuberlich scheiden lassen. Aber die Mühe, sie zu scheiden, lohnt sich, wenn die Unterscheidung uns hilft, das Kind nicht zu unterschätzen, selbst nicht in diesem Falle: weder seine tiefe Ernsthaftigkeit noch sein moralisches Engagement, das es in allen ihn betreffenden Dingen an den Tag legt.

Alles Übrige ist über die Comics schon gesagt worden, Gutes wie Böses, und ich lasse es dabei bewenden.

Die Ziege des Herrn Séguin

Einmal lasen Mario Lodis Schüler während des Unterrichts die Geschichte von dem armen Zicklein des Herrn Séguin, das, müde des Stricks, mit dem sein Besitzer es festgebunden hat, in die Berge flieht, wo der Wolf es – nach einem heroischen Zweikampf – frisst. Ich habe die alte Nummer des *Insieme* aufbewahrt – es ist die Klassenzeitung, welche die Schüler des Vho seit Jahren, eine Generation nach der anderen, zusammenstellen und an ihre Freunde schicken –, in der die Diskussion wiedergegeben wird, die sich an die Lektüre anschloss. Hier ist sie:

WALTER: Daudet hat die Geschichte einer Ziege geschrieben, der Ziege des Herrn Séguin, und wir haben darüber diskutiert, weil wir mit ihm nicht einverstanden waren.

ELVINA: Daudets Ziege lief weg, weil sie die Freiheit wollte, und der Wolf fraß sie. Wir haben die Geschichte auf andere Weise gestaltet.

FRANCESCA: Der Besitzer sagte der Ziege, dass der Wolf in den Bergen wäre, er sagte es ihr aber nur, weil er die Ziege gefangen halten und ihre Milch für sich haben wollte.

DANILA: Wir haben geschrieben, dass die Ziege weggelaufen ist und ihr Glück in der Freiheit der Berge fand.

MIRIAM: So wie der Mensch frei leben will, so will auch unsere Ziege frei leben.

MARIO: Sie hatte ein Recht darauf: Wenn der Wolf gekommen wäre, hätten alle Ziegen zusammen ihn auf die Hörner nehmen und töten können.

MIRIAM: Ich glaube, dass Daudet damit sagen wollte, wer nicht hören will, muss fühlen.

WALTER: Aber unsere Ziege, die über den Zaun sprang, war ungehorsam gegenüber einem Herrn, der sie gefangen hielt, um ihr die Milch wegzunehmen: in diesem Falle ist es kein Ungehorsam, es ist Auflehnung gegen einen Dieb.

MARIO: Richtig, denn er stahl ihre Milch, während sie frei sein wollte.

MIRIAM: Aber er brauchte die Milch der Ziege.

FRANCESCA: Aber die Ziege brauchte die Freiheit. Der Besitzer konnte die Ziege zu Ausflügen in die Berge führen, und sie hätte ihm dafür Milch gegeben.

WALTER: Aber die Ziege wollte keinen längeren Strick am Hals, wie Daudet sagt: sie wollte gar keinen Strick, weder einen langen noch einen kurzen.

FRANCESCA: Diese Geschichte erinnert mich an den Kampf der Italiener, um sich von den Österreichern zu befreien.

MIRIAM: Als die Italiener frei waren, waren sie glücklich wie die Ziege, als sie im Gebirge ankam.

An dieser Stelle der Schülerzeitung folgt der Text der von den Kindern umgeschriebenen Geschichte. Darin wurde der Traum des Zickleins vom Triumph einer Gesellschaft freier Ziegen in den freien Bergen gekrönt.

Ich habe diesen Text gewählt, um die Untersuchung der »Achse des Lesens«, die mit dem comiclesenden Kind begann, in anderer Richtung fortzuführen. Diese Untersuchung ist geradezu ein Paradebeispiel dafür, was die Informationstheoretiker damit meinen, wenn sie behaupten, dass die »Decodierung einer Botschaft immer nach dem Code des Empfängers erfolgt«.

In Wirklichkeit ist Daudets Geschichte auch für subtilere Deutungen offen. Es handelt sich nicht einfach um einen Fall bestraften Ungehorsams. Am Ende akzeptiert die Ziege heldenhaft den Tod im Kampf. Man könnte sie geradezu sagen lassen: »Lieber sterben als in Sklaverei leben …« Aber die Schüler des Vho, die es ablehnten, sich auf mehrdeutige Nuancen einzulassen, wie auch die Wege des Humors oft mehrdeutig sind, haben aus der Geschichte kurzerhand eine reaktionäre Moral herausgefiltert und sie angeprangert. Die heroische Tragödie am Schluss konnte sie nicht überzeugen: nach ihrer Ansicht muss der Held siegen, und die Gerechtigkeit muss triumphieren …

Völlig auf den Inhalt orientiert, zeigten sich alle Schüler gleichermaßen unempfindlich gegenüber der Sprache, legten jedoch im Verlauf der Diskussion unterschiedliche Standpunkte dar.

Miriam erscheint gar nicht bereit, die Regel: »wer nicht hören will, muss fühlen« zu leugnen, und weist mit der so ganz weiblichen Fähigkeit, sich in andere zu versetzen, darauf hin, dass der Besitzer »die Ziegenmilch brauchte«.

Francesca würde sich mit einem reformistischen Kompromiss zufriedengeben: »Der Besitzer konnte die Ziege zu Ausflügen in die Berge führen, und sie hätte ihm dafür Milch gegeben.«

Walter ist am konsequentesten und radikalsten: »Die Ziege wollte keinen Strick am Hals, weder einen langen noch einen kurzen.«

Am Ende setzt sich das System der kollektiven Werte mit den Schlüsselworten »Freiheit«, »Recht«, »gemeinsam« (Einheit macht stark) durch.

Die Kinder leben und arbeiten seit Jahren »gemeinsam« in einer kleinen demokratischen Gemeinschaft, die ihre schöpferische Beteiligung verlangt und anspornt, anstatt sie zu unterdrücken, umzuleiten oder zu instrumentalisieren. Man lese die beiden ungewöhnlichen Bücher von Mario Lodi: *Es besteht Hoffnung, wenn es im Vho passiert* und *Das verkehrte Dorf*. Daraus geht hervor, wie sehr die Kinder, wenn sie Worte wie *Freiheit, Recht, gemeinsam* aussprechen, von ihren eigenen Erfahrungen erfüllt sind. Es sind keine angelernten, sondern gelebte und erprobte Worte. Die Kinder genießen Meinungs- und Redefreiheit. Sie sind es gewöhnt, Kritik an jeder Materie zu üben, bedrucktes Papier einbegriffen. Abfragen im Unterricht und Zensuren kennen sie nicht einmal vom Hörensagen: jeder Augenblick ihrer Arbeit ist wie ein vitaler Akt motiviert und wird nicht von bürokratischen Lehrplänen, didaktischer Routine, von den Ansprüchen der Schule als einer Institution bestimmt. Es ist ein »Augenblick des Lebens« und nicht ein »schulischer Augenblick«.

Über Daudets Geschichte zu diskutieren, ist für sie also keine schulische Übung, sondern eine Notwendigkeit.

Die Schüler sind zumeist Kinder von Landarbeitern; wir befinden uns in einem kleinen Gehöft der Po-Ebene, in einem Gebiet, das starke Traditionen sozialer und politischer Kämpfe aufweist und seinen Beitrag zum antifaschistischen Widerstandskampf geleistet hat. Das Wort »Besitzer« hat für die Kinder einen konkreten Sinn. Es hat das Gesicht des »Gehöftbesitzers« des Anwesens. Ein »feindlicher Besitzer«. Und es ist vorrangig das Wort »Besitzer«, auf das sich in ihrer Phantasie die »Dekodierung« der Botschaft stützt.

Wenn Francesca und Miriam sich der kollektiven Interpretation anschließen, neigen sie dazu, sie aus dem Bereich des Klassenkampfes hinauszuführen, wenn sie an die »Befreiungskämpfe der Italiener von den Österreichern« erinnern und dabei an die Gestalten einer verschwommenen Mythologie in den Schulbüchern anknüpfen. Aber den entscheidenden Vergleich hat bereits Walter nachdrücklich gezogen, als er »Besitzer« und »Dieb« auf eine Stufe stellte. Auf der Grundlage dieser Gleichsetzung ist die Unterscheidung von »Ungehorsam« und »Auflehnung« möglich.

Francesca hatte von dem Besitzer gesprochen, der die Ziege gefangen hält, um ihre Milch für sich zu haben. Aber Walter hat den Ausdruck »für sich haben« und dessen schulisches Echo (»vom Schaf hat man Wolle« ...) energisch abgelehnt, um ihn eindeutig in ein entschiedenes »stehlen« umzuwandeln. So verlieren während der Diskussion die Worte des gelesenen Textes an Gewicht, andere treten an deren Stelle, um die Fabel nach einer selbständigen Norm umzugestalten.

»De te fabula narratur« sagten bereits die alten Römer. Selbst die Kinder, die kein Latein können, beziehen die Geschichten, die sie hören, auf sich. Die Kinder vom Vho haben die Ziege praktisch vergessen und sich selbst und den »Besitzer« an deren Stelle gesetzt, ihren Vater, den Landarbeiter und den »Herrn«.

In die Phantasie des lesenden (wie auch des zuhörenden) Kindes gräbt sich die Botschaft nicht wie ein Griffel in Wachs, sondern sie prallt mit allen Kräften der Persönlichkeit zusammen. Das wird ganz deutlich am Beispiel von Mario Lodis Schülern, die in die Lage versetzt worden sind, den »autoreflexiven« Aspekt des Gelesenen darzulegen und sich schöpferisch zu äußern. Doch der Zusammenprall bleibt nie aus. Er kann sich unterhalb des Bewussten abspielen und unproduktiv bleiben, wenn das Kind darauf gepolt ist, lediglich zuzuhören, um sich dem Gehörten anzupassen und beim Lesen im Rahmen des durch den Text geforderten kulturellen und moralischen Modells zu verharren. Aber in den meisten solcher Fälle ist das Kind lediglich ein wohlerzogener Heuchler ...

Erzählt ihm die Geschichte von der Ziege des Herrn Séguin und stellt euch möglichst als Apologeten des »Unglücks« dar, dem der Ungehorsame in die Arme läuft, und das Kind wird begreifen, dass ihr von ihm eine strenge Verurteilung des Ungehorsams erwartet. Es wird sie euch auch schriftlich geben, wenn ihr ihm befehlt, eine Zusammenfassung der Geschichte zu liefern. Es wird ihm sogar gelingen, sich einzureden, dass es daran glaubt. Aber es wird nicht stimmen. Das Kind hat gelogen, so wie die Kinder täglich lügen, wenn sie in den »Aufsätzen« genau das schreiben, was nach ihrer Ansicht die Erwachsenen zu lesen wünschen. Seinerseits wird das Kind darauf aus sein, die Geschichte von der Ziege so schnell wie möglich zu vergessen, so wie es andere erbauliche Geschichten vergisst ...

Die entscheidende Begegnung zwischen Kind und Buch findet auf der Schulbank statt. Erfolgt sie in einer kreativen Situation, in welcher das Leben und nicht die Pflichtübung zählt, kann daraus jene Freude am Lesen entstehen, mit der man nicht geboren wird, weil sie kein Instinkt ist. Erfolgt die Begegnung in einer bürokratischen Situation, wo das Buch zu einem Instrument der Pflichtübung herabgewürdigt (abschreiben, Inhaltsangaben, grammatikalische Analysen usw.) und von dem herkömmlichen Mechanismus »Abfragen – Zensieren« erstickt wird, kann sich daraus zwar die *Technik* des Lesens entwickeln, aber nicht die *Freude*. Die Kinder werden lesen können, aber sie lesen nur gezwungenermaßen. Außerhalb der Pflicht werden sie sich in die Comics flüchten – selbst wenn sie zu komplexerer und reicherer Lektüre imstande sind –, vielleicht lediglich deshalb, weil die Comics nicht von der Schule »verseucht« sind.

Geschichten zum Spielen

Ich erzähle einer Gruppe von Kindern (für die Rundfunksendung *Geschichten zum Spielen*) eine Gespenstergeschichte. Die Gespenster leben auf dem Mars, aber eigentlich fristen sie ein kümmerliches Dasein, weil sie dort niemand ernst nimmt. Sie werden von Groß und Klein verspottet, und es macht ihnen keinen Spaß mehr, mit alten rostigen Ketten zu rasseln … Am Ende beschließen sie, auf die Erde auszuwandern, weil sie erfahren haben, dass dort viele Leute noch Angst vor Gespenstern haben.

Die Kinder lachen und versichern, dass sie überhaupt keine Angst vor Gespenstern haben.

»Die Geschichte bricht hier ab«, sage ich. »Sie muss weitererzählt und beendet werden. Was schlagt ihr vor?« Hier die Antworten:

> »Während sie sich auf dem Weg zur Erde befinden, tauscht jemand die Wegweiser im Weltraum aus und die Gespenster landen auf einem fernen Stern.«
> »Sie brauchen die Wegweiser gar nicht erst zu vertauschen. Die Gespenster können gar nichts sehen, weil sie Laken über den Augen haben: sie verirren sich und landen auf dem Mond.«
> »Ein paar kommen doch auf die Erde, aber zu wenige, um die Leute zu erschrecken.«

Fünf Kinder zwischen sechs und neun Jahren, die sich einen Augenblick zuvor darin einig waren, Gespenster nicht ernst zu nehmen, sind sich jetzt ebenso darin einig, dass deren Landung auf der Erde verhindert werden muss. Als Zuhörer fühlten sie sich sicher genug, um zu lachen: als Erzähler hingegen gehorchen sie einer inneren Stimme, die zur Vorsicht rät. Ihre Phantasie wird jetzt von einer unterschwelligen Rücksicht auf all ihre Ängste gesteuert (vor Gespenstern und natürlich auch anderem, was eventuell von Gespenstern verkörpert werden könnte).

So nehmen Gefühlsregungen Einfluss auf die Mathematik der Imagination. Die Geschichte kann nur über vielfältige Filter fortgesetzt werden. Obwohl sie sich unumwunden als eine groteske Geschichte darstellte, wurde sie als Bedrohung empfunden. Der »Code des Empfängers« hat dort Alarm ausgelöst, wo der »Code des Senders« Gelächter auszulösen beabsichtigte.

An dieser Stelle kann der Erzähler zwischen einem beruhigenden Schluss der Geschichte (die Gespenster enden im letzten Winkel der Milchstraße) oder einer Herausforderung wählen (sie landen auf der Erde, wo sie alles Mögliche anstellen). Ich persönlich habe mich damals für einen überraschenden Lösungsweg entschieden: in der Nähe des Mondes stoßen die vom Mars geflohenen Gespenster auf die aus gleichen Gründen von der Erde geflüchteten, und gemeinsam verlieren sie sich in den Abgründen des Alls. Ich habe also versucht, der Angst durch ein »überlegenes Lachen« entgegenzuwirken. Sollte ich das falsch gemacht haben, werde ich Buße tun.

Einer anderen Gruppe von Kindern schlage ich in derselben Sendereihe die Geschichte von einem Mann vor, der nicht einschlafen kann, weil er jede Nacht klagende Stimmen hört. Er findet nicht eher Ruhe, bis er nicht all jenen in nah und fern geholfen hat, die seiner Hilfe bedürfen (in der Geschichte kann er sich in wenigen Augenblicken von einem Punkt der Erde zum anderen fortbewegen). Eine einfache Parabel für Solidarität. Als wir jedoch über einen möglichen Schluss der Geschichte zu diskutieren begannen, antwortete das erste Kind, das einen Vorschlag machen sollte, ohne zu zögern: »Na, ich würde mir Watte in die Ohren stopfen!«

Aus dieser Antwort zu schließen, dass es sich um ein egoistisches und unsoziales Kind handelte, wäre naheliegend, aber fehl am Platze. Alle Kinder sind selbstverständlich ichbezogen, das ist nicht der Punkt. In Wirklichkeit hatte jenes Kind die komische Seite der Situation »entschlüsselt« und sie der Rührung erweckenden vorgezogen: es hatte nicht auf die Klagen gehört, sondern sich in die Lage des armen Kerls versetzt, den man – aus welchen Gründen auch immer – keine Nacht ruhig schlafen ließ.

Ich füge hinzu, dass wir in Rom waren und dass die Römer auch schon als Kinder nicht auf den Mund gefallen sind. Und außerdem waren diese Kinder ganz besonders unbefangen (sie befanden sich in einem Aufnahmestudio, in welchem sie schon öfter zusammengekommen waren), und sie waren daran gewöhnt zu sagen, was ihnen gerade durch den Kopf ging. Schließlich gibt es einen kindlichen Exhibitionismus, den man in Rechnung stellen muss.

Im Laufe der Diskussion wird dasselbe Kind als eines der ersten anerkennen, dass die Welt voller Leid ist, sichtbarem wie unsichtbarem, voll schlimmer Dinge, und dass dem, der sich wirklich verpflichtet fühlte, überall einzugreifen, wenig Zeit zum Schlafen bliebe. Aber die erste Reaktion dieses Kindes war ebenso wichtig; sie macht mir klar, dass die Geschichte des allzu gutmütigen Mannes eher einen abenteuerlichen als einen pathetischen Schluss bekommen sollte: er muss in die Lage versetzt werden, über seine Feinde zu triumphieren, statt nur immer zu leiden. (In der Tat ging die Geschichte damals so aus: Der Mann, der jede Nacht auszieht, um anderen zu Hilfe zu eilen, wird für einen Dieb gehalten und ins Gefängnis geworfen, aber aus allen Teilen der Welt strömen zu seiner Befreiung alle diejenigen herbei, denen er geholfen hat.)

Es lässt sich nie im Voraus sagen, welche Einzelheit der Geschichte, welches Wort, welche Passage bei der »Entschlüsselung« den Ausschlag gibt.

Ein anderes Mal erzähle ich die Geschichte eines Pinocchio, der dadurch reich wird, dass er mit dem Holz handelt, welches er sich durch Lügen verschafft; bei jeder Lüge wird ja seine Nase länger. Bei der Diskussion über den Schluss der Geschichte haben sich alle anwesenden Kinder auf eine Bestrafung eingestellt. Die Gleichung »Lüge = böse« ist ein Teil eines Wertesystems, das überhaupt nicht zur Diskussion steht. Außerdem wurde dieser Pinocchio mit einem »Betrüger« gleichgesetzt, und die Gerechtigkeit verlangt, dass der Betrüger zum Schluss bestraft wird. Alles in allem bestraften die Kinder »Pinocchio den Pfiffigen«, selbst wenn sie sich über dessen Geschichte amüsierten, weil sie glaubten, ihre Pflicht zu tun. Keines von ihnen hatte genügend Erfahrung mit den Dingen dieser Welt, um zu wissen, dass ein bestimmter Typ von Gauner, weit davon entfernt, im Gefängnis zu landen, zum erstklassigen Bürger und zur Stütze der Gesellschaft wird. Auf den Schluss, in dem Pinocchio der reichste und berühmteste Mann der Welt wird, dem man zu Lebzeiten ein Denkmal errichtet, sind die Kinder nicht gekommen.

Die Diskussion wird lebhafter und kreativer, als es darum geht, die geeignete Art der Bestrafung zu finden. Hier übernimmt das obligate Paar »Lüge – Wahrheit« seine Funktion. Die Kinder beschließen, dass sich der ganze Reichtum des Betrügers in dem Augenblick in nichts auflöst, in dem er die Wahrheit sagt. Da Pinocchio aber gerissen ist und sich wohl hütet, sie zu sagen, gilt es, den Dreh zu finden, damit er sie gegen seinen Willen ausspricht. Die Suche nach diesem Trick wird sehr amüsant. Die »Wahrheit« selbst – die man als Wertvorstellung akzeptiert, die aber nicht »amüsant« ist – wird es in dem Augenblick, in dem ein »Trick« ihr die Würze gibt.

An dieser Stelle nehmen die Kinder nicht mehr die Position des Scharfrichters ein, der die beleidigte Wahrheit rächen soll, sondern die eines Betrügers, der um jeden Preis einen anderen Betrüger »reinlegen« will. Die konventionelle Moral ist lediglich ein Alibi für das augenfällig »unmoralische« Vergnügen der Kinder. Es scheint ein Gesetz zu sein, dass es keine authentische Schöpfung ohne eine gewisse Zwiespältigkeit gibt.

Die »offenen« Geschichten – das heißt die unvollendeten oder mit mehreren auszuwählenden Schlüssen versehenen – haben die Gestalt einer phantastischen Rechenaufgabe: man verfügt über bestimmte Daten und muss über ihre zur Lösung führende Kombination entscheiden. In diese Entscheidung mischen sich Berechnungen unterschiedlicher Art: phantastische, die auf der reinen Bewegung der Bilder beruhen; moralische, auf die Inhalte bezogen; gefühlsmäßige, denen die Erfahrung zugrunde liegt; ideologische, wenn eine zu erläuternde »Botschaft« an die Oberfläche gelangt. Es kann geschehen, dass man damit beginnt, den Ausgang einer Geschichte zu diskutieren und stattdessen auf ein Thema stößt, das nichts mehr mit der Geschichte zu tun hat. In solch einem Fall muss man sich meines Erachtens frei genug fühlen, die Geschichte ihrem Schicksal zu überlassen und die sich bietende Anregung aufzugreifen.

Wenn der Großvater zum Kater wird

Mehrere Male schon habe ich Gruppen von Kindern an verschiedenen Orten Italiens und im Ausland die folgende unvollständige Geschichte erzählt: Ein alter Rentner, der sich zu Hause überflüssig fühlt, wo alle, Erwachsene und Kinder, zu viel zu tun haben, um ihm zuzuhören, entschließt sich, mit den Katzen zusammenzuleben. Gesagt, getan, er begibt sich auf die Piazza dell'Argentina (wir sind in Rom), kriecht unter der eisernen Sperre hindurch, welche die Straße von der archäologischen Zone, dem Reich der streunenden Katzen, trennt, und flugs hat er sich in einen prächtigen grauen Kater verwandelt. Nachdem er ein geschüttelt Maß an Abenteuern bestanden hat, kehrt er nach Hause zurück. Aber als Kater. Und als solcher wird er freudig aufgenommen. Für ihn ist der bequeme Sessel da, er wird gestreichelt, er bekommt Milch und Fleischhäppchen. Als Großvater war er ein Niemand, als Kater ist er der Mittelpunkt des Hauses …

An dieser Stelle frage ich die Kinder: Wollt ihr, dass der Großvater ein Kater bleibt, oder soll er sich jetzt in den Großvater zurückverwandeln?

In neunundneunzig Fällen von hundert möchten die Kinder lieber, dass der Kater wieder zum Großvater wird. Um der Gerechtigkeit willen und aus Mitgefühl oder vielleicht, um sich von einer bohrenden Unruhe zu befreien, die ein Schuldgefühl verbergen kann. Sie wollen den heimgekehrten, den in seine menschlichen Rechte wiedereingesetzten und versöhnten Großvater. Das ist die Regel.

Bis jetzt sind mir lediglich zwei Ausnahmen begegnet. Ein Junge bestand einmal energisch darauf, dass der Großvater besser daran täte, für immer ein Kater zu bleiben, um diejenigen »zu strafen«, die ihn gekränkt haben. Und ein fünfjähriges Mädchen, eine kleine Pessimistin, sagte: »Er muss ein Kater bleiben, sonst fängt alles wieder von vorne an, und niemand will etwas von ihm wissen.«

Völlig klar, worum es bei diesen beiden Ausnahmen geht: auch sie sind von Sympathie für den Großvater getragen.

Unverzüglich hake ich dann bei den Kindern nach: Aber wie stellt es der Kater an, wieder zum Großvater zu werden?

Unabhängig vom Breitengrad und der Höhe über dem Meeresspiegel zögern sie nicht, die Lösung vorzuschlagen: Er muss wieder unter der Absperrung hindurchkriechen, bloß in anderer Richtung.

Die Absperrung: sie wird zum magischen Instrument der Verwandlung. Als ich die Geschichte zum ersten Mal erzählte, war mir das überhaupt nicht aufgefallen. Die Kinder haben mich darauf gebracht und mich diese Regel gelehrt: Wer in der einen Richtung unter der Absperrung hindurchkriecht, wird zum Kater, wer in entgegengesetzter Richtung hindurchkriecht, wird wieder Mensch.

Mit der Absperrung als Vehikel böten sich aber auch die Möglichkeiten des »unten hindurch« und des »oben drüberweg«. Aber darauf hat mir gegenüber niemand jemals angespielt. Wie man sieht, müssen im rituellen Gebrauch der Absperrung sehr genaue Regeln respektiert und die Abwandlungen dürfen nicht übertrieben werden. Das »oben drüberweg« bleibt den Katzen vorbehalten, die kommen und gehen und dabei Katzen bleiben ... Und als tatsächlich einmal ein Kind den Einwand erhob: »Wieso hat sich der Kater, als er einmal unter der Absperrung hindurchkroch, um nach Hause zurückzukehren, nicht sofort in den Großvater zurückverwandelt?«, hatte ein anderes Kind sofort die Antwort parat: »Aber da ist er nicht unten durchgekrochen, sondern oben drüber« (ist über die Absperrung gestiegen).

Danach kann einem durchaus der Verdacht kommen, dass die Zurückverwandlung des Katers zum Großvater nicht ausschließlich vom Sinn für Gerechtigkeit getragen wird, sondern auch auf Gründe der Symmetrie in der Phantasie zurückzuführen ist oder zumindest durch sie bestärkt wird. Ein magischer Vorgang ist in der einen Richtung erfolgt, und die Imagination wartete unbewusst darauf, dass er sich auch im entgegengesetzten Sinne vollzöge.

Um eine vollständige Befriedigung des Zuhörers zu erreichen, bedurfte es mindestens im gleichen Maße einer logisch-formalen wie einer moralischen Motivation. Mathematischer Verstand und das Herz ergaben erst zusammen die Lösung.

Wenn man bisweilen den Eindruck hat, dass allein das Herz entscheide, hängt das vielleicht von einer lückenhaften Analyse ab. Damit will ich keineswegs leugnen, dass das Herz im Sinne Pascals seine »raisons« habe. Aber auch die Imagination hat ihre Gründe, wie man sich überzeugen konnte.

Spiele im Pinienwald

10.30 Uhr. Giorgio (sieben Jahre) und Roberta (fünfeinhalb) verlassen das Hotel und gehen in den angrenzenden Pinienwald.

Roberta: »Wollen wir Eidechsen suchen?«

> Ich stehe beobachtend am Fenster und verstehe durchaus, warum dieser Vorschlag kommt: Roberta greift die Eidechsen mit der Hand, Giorgio aber ekelt sich vor ihnen. Im Allgemeinen schlägt Giorgio vor zu rennen, weil er schneller ist. Roberta dagegen will gern zeichnen, weil sie es besser kann. Die Natur ist in ihrer Unschuld keineswegs redlich.

Sie setzen sich langsam in Bewegung. Sie suchen weniger nach Eidechsen als nach dem Zufall. Das sagt auch Novalis: »Spielen heißt, den Zufall erproben.« Sie meiden weite Flächen und halten sich hinter dem Küchentrakt auf, wo der Pinienwald vertrauter ist. Sie gelangen zu einem Holzstoß.

Roberta: »Wir haben uns versteckt.«

> Das Perfekt ist das Signal, dass das Abwarten vorbei ist, das »Herumtasten« nimmt jetzt die Form eines Spiels

an. Das Verb legt den Abstand zwischen der Welt als solcher, wie sie ist, und der in Symbole zum Spielen verwandelten Welt fest.

Sie verstecken sich, umkreisen langsam den Holzstoß, nehmen einige Stücke Holz heraus. Von den gleichmäßigen, für die Küche handlich zugesägten Holzstücken tragen sie einige fort. Hinter dem Stapel befinden sich ein großer Pappkarton und ein großer Korb. Die holen sie sich. Giorgio übernimmt das Kommando beim Spielen.

Giorgio: »Wir sind im Dschungel auf Tigerjagd gewesen.«

Der Pinienwald, der Teil der alltäglichen Ferienwirklichkeit war, interessierte sie nicht als solcher: hier ist er nun zum »Zeichen« einer neuen Bedeutung ab- beziehungsweise aufgewertet. »Wenn die Dinge Zeichen werden«, sagt Dewey, »und das darstellende Vermögen gewinnen, an die Stelle anderer Dinge zu treten, verwandelt sich das Spiel aus reinem körperlichen Überschwang in eine Tätigkeit, die einen geistigen Faktor einschließt.«

Sie nähern sich einem aus dem Gelände ragenden großen Stein. Korb und Karton werden zu zwei Hütten (erneut werden den Gegenständen Rollen zugewiesen). Sie sammeln Kleinholz für die Feuerstelle.

Das Spiel stellt sich hier als ein offenes System dar, es nimmt seinen Fortgang, indem es Analogien freilegt und erfindet. Das Wort »Dschungel« hat das Wort »Hütte« suggeriert. Jetzt aber kommt die Erfahrung dazu: Die Kinder haben das Spiel oft zu Hause gespielt und beziehen jenes Spiel jetzt in das Dschungelspiel mit ein.

Roberta: »Wir haben Feuer gemacht.«

Giorgio: »Wir sind schlafen gegangen.« Jeder zieht sich in seine »Hütte« zurück. Sie bleiben einige Sekunden liegen.

Roberta: »Jetzt ist es Morgen gewesen, ich habe Hühner für unsere Vorräte gesucht.«

Giorgio: »Nein, Hühner, um Mittag zu kochen.«

Sie laufen herum und sammeln Pinienzapfen auf. Es ist 11.15 Uhr.

Halten wir vor allem fest, dass im Spiel ein Tag vergangen ist. Die Zeit im Spiel ist keine reale Zeit, sondern eher eine Übung mit der Zeit, ein Rekapitulieren der Zeit-Erfahrung: es ist Abend, man geht schlafen, es ist Morgen, man steht auf. Pinienzapfen in einem Pinienwald zu sammeln, wäre vom ersten Augenblick an die nächstliegende Handlung gewesen. Stattdessen blieben die Zapfen bis zu dem Augenblick unbeachtet, in dem sie, herausgelöst aus ihrem botanischen Zusammenhang, die Funktion von Hühnern annehmen und sich im Licht einer neuen Bedeutung darbieten.

11.20 Uhr. Es sind erst fünf Minuten vergangen, seit sie »geschlafen« haben, und schon gehen sie ein weiteres Mal »schlafen«.

Eine neue Interferenz: Auf die Achse des Dschungelspiels wird das andere klassische Vater-Mutter-Spiel projiziert. Das ist die zum Teil unbewusste Bedeutung dieses »Schlafengehens«.

Giorgio: »Ich will die Stille hören.«

Giorgio gibt die Bemerkung mit auffälliger Betonung von sich; wahrscheinlich ahmt er seine Lehrerin nach, wenn sie in der Schule das »Spiel der Stille« anordnet. Man beachte das ständige Hin-und-Her-Pendeln zwischen den Ebenen der Erfahrung und der Erfindung.

Roberta: »Kikeriki! Jetzt sind wir aufgewacht.«

Auf den von Giorgio eingebrachten Ansatz zu einer Dramatisierung, als er »Lehrerin spielte«, antwortet das Mädchen, indem sie »Gockelhahn spielt«. In beiden Repliken haben die Kinder sich selbst in »Zeichen« verwandelt, Giorgio in das der Lehrerin, Roberta in das des Hahns. Und es ist ein zweiter Tag vergangen. Warum so viel Zeit? Vielleicht, um den Abstand zwischen Spiel, schöpferischem Einfall und der Welt der Gewohnheiten zu vergrößern. Um »weiter entfernt« und »mehr drin« im Spiel zu sein.

Giorgio: »Jetzt los auf die Jagd!«

Sie stehen auf und laufen schweigend einen Augenblick herum. Sie kehren zum Holzstapel zurück.

11.23 Uhr. Roberta: »Ich trinke ein Bier.«

Giorgio: »Ich einen Aperitif.«

Der Holzstapel ist plötzlich zum Café geworden. Der Grund dieser Abweichung vom Spiel ist nicht ganz verständlich. Vielleicht hatte sich das Thema erschöpft. Wahrscheinlicher aber ist, dass die Kinder nach einem hastigen Frühstück, weil sie draußen spielen wollten, das Bedürfnis spüren, etwas zu sich zu nehmen, wenigstens symbolisch. Als Jäger haben sie selbstverständlich Anspruch auf Getränke, die ihnen sonst verboten sind.

Giorgio hat einen Gurt mit zwei Pistolen. Er nimmt eine ab und gibt sie Roberta. Als das Spiel begann, hatte er nicht daran gedacht, und Roberta war zu stolz, ihn darum zu bitten. Nachdem sie nun zweimal zusammen geschlafen haben, hat das Angebot die Bedeutung einer Erklärung: Giorgio gesteht Roberta die Gleichberechtigung im Spiel zu. Nur das …?

Roberta (richtet die Pistole auf ihren Kopf): »Ich hab mich erschossen.«

Das alles spielt sich in wenigen Sekunden ab, wie in einem explodierenden Liebesdrama. Dazu müsste man wirklich einen Psychologen hören.

Roberta: »Ich bin eine Mumie geworden, und du bist weggerannt.«

Die Mumie ist, soviel ich weiß, Fernsehrelikt.

11.25 Uhr. Sie tragen das Holz zum Stapel zurück, als ob das Spiel zu Ende wäre. Giorgio ist der Typ eines Kindes, das angehalten worden ist, »alles wieder an seinen Platz zu räumen«. In der neuen Beschäftigung zeichnet sich plötzlich ein Rhythmus ab: Giorgio sammelt die Holzstücke auf, Roberta wirft sie auf den Stapel.

Roberta: »Ich hab's raufgeworfen.«

Dieser Gebrauch des Perfekts deutet darauf, dass die Tätigkeit des Aufsammelns und Zurückwerfens der

Holzstücke auf den Haufen in ein Spiel, in ein »Zeichen« seiner selbst verwandelt worden ist. »Ich werfe« wäre Arbeit, Mühe; »ich hab's raufgeworfen« ist die Übernahme einer Rolle.

11.35 Uhr. In der Nähe des Holzhaufens befindet sich eine Waage. Die Kinder spielen, dass sie sich wiegen wollen. Sie schaffen es nicht. Giorgios Großmutter greift als »Fachmann« ein und geht wieder.

11.40 Uhr. Roberta setzt sich in die Kiste und schlägt vor, »Clown zu spielen«. Sie tut, als ob sie hinfällt, wälzt sich auf dem Boden. Giorgio lehnt den Vorschlag ab und sagt stattdessen: »Wir wollen rutschen.« Sie schieben die Kiste an den großen Stein und haben eine sehr einfache »Rutsche«, von der sie sich mehrere Male fallen lassen.

11.43 Uhr. Die Kiste ist zum Boot geworden. Alle beide sitzen darin. Sie rudern zwischen dem Holzstoß auf dem Stein.

Giorgio: »Hier ist eine Insel. Jetzt landen wir. Wir müssen das Boot festbinden, sonst reißt es sich los.« Sie klettern auf den Stein.

Eine erneute Verwandlung der Dinge ist im Gange. Nachdem der Stein zur Insel wurde, ist der Pinienwald kein Dschungel mehr, sondern ein Meer.

Sie holen sich den Korb wieder und haben so jeder ein Boot für sich.

11.50 Uhr. In ihren Booten kommen sie in die Nähe der Waage, welche eine andere Insel ist.

Roberta: »Jetzt ist ein neuer Tag.«

Dieses Mal haben sie nicht »geschlafen«, um von einem Tag zum nächsten zu kommen. Die Erklärung reichte aus. In Wirklichkeit soll der neue zeitliche Sprung den Abstand zwischen dem Tag im Dschungel und dem Tag auf dem Meer unterstreichen.

Singend ziehen sie die Boote hinter sich her. Dann steigen sie wieder ein und fahren los. Giorgios Karton kippt um.

Roberta: »Ein Sturm hat auf dem Meer getobt.«

Giorgios Sturz war unfreiwillig. Das *Perfekt* nutzt den Fehler sofort schöpferisch aus, indem es ihn aus der Logik des Spiels interpretiert.

Giorgio kippt mehrere Male um. Weil er seine Ungeschicklichkeit vertuschen will, stilisiert er sie zum Auftritt eines Clowns. Roberta lacht. Jetzt macht Giorgio »den Clown«, er wird durch ihr Lachen reichlich entschädigt.

Steckt in seinem Auftritt ein Element der Liebeswerbung, des »Hochzeitstanzes«?

Giorgio: »Land! Land!«

Roberta: »Hurra!«

Sie landen in der Nähe einer Pinie.

Giorgio: »Frieden und Wohlergehen!«

Giorgio lebt in einer Gegend, in der man häufig Franziskanermönchen begegnet, die um Almosen bitten. Vielleicht hat auch er manchmal Mönch gespielt. Es ist unmöglich, den Ursprung dieser neuen Interferenz zu rekonstruieren. Mit diesen Grußworten betreten die Mönche die Häuser ... Neben der Pinie anzulangen, muss für Giorgio so etwas wie eine »Ankunft zu Hause« gewesen sein ... Im Spiel wie im Traum verdichtet die Phantasie die Bilder mit blitzartiger Geschwindigkeit.

Man könnte aber auch anmerken, dass das Auftauchen der »Inseln« den Satz, mit dem das morgendliche Spiel begann, weiterführend interpretiert: »Wir haben uns versteckt.« Die Kinder sind jetzt wirklich »versteckt«, fern von allen: ringsum vom Meer umgeben.

11.57 Uhr. Giorgio merkt, dass sie die Pistolen verloren haben. Sie wissen nicht mehr, wo sie sie suchen sollen. Die vorhergehende Minute versinkt für sie in eine Vergangenheit, die sie nicht zu rekonstruieren vermögen. Vom Fenster aus zeige ich ihnen die beiden Pistolen, sie holen sie, ohne sich über meine Allwissenheit zu wundern.

12 Uhr. Sie tauschen die Boote. Roberta bekommt jetzt den Karton. Sie stellt ihn hochkant auf. Eine Seite öffnet sich wie eine Tür. Die Assoziation ist so einladend, dass das Boot wieder zum Haus wird. Jetzt gehen sie auf Kaninchenjagd.

Die »Kaninchen« sind wieder die Pinienzapfen, die vorher »Hühner« waren. Sie sind im Spiel niemals Zapfen.

12.05 Uhr. Sie haben die Zapfen in den Karton geworfen.

Roberta: »Hier werde ich mit meinem Häuschen für immer bleiben.«

Giorgio: »Ich ruhe mich aus.«

Das Futur und das Präsens der beiden Verben bezeichnen die Distanz zum Spiel: eine Art Ruhepause.

Als das Spiel wiederaufgenommen wird, scheint es sich in zwei Richtungen zu gabeln. Giorgio schießt auf einige Kaninchen, und Roberta soll sie aufsammeln gehen, indessen aber sucht sie andere Dinge für ihr »Landhäuschen«.

Roberta: »Ich habe Hühnchen gezüchtet.«

Giorgio (der wieder in seinem Korb Boot fährt): »Ich hab dich besucht, weil wir Freunde sind.«

Das Spiel schleppt sich noch einige Minuten unentschieden hin. Giorgio bricht es entschlossen ab, indem er sich auf die Schaukel setzt und Roberta ruft, damit sie ihn abstößt. Die Schaukel beschäftigt sie mit wenigen Unterbrechungen bis zum Mittagessen.

Was wir hier angedeutet haben – so wie man ein Motiv auf einem Instrument andeutet, ohne es wirklich zu spielen – ist eine »Lektüre« des Spiels als »Erzählung in Aktion«. Ich kann nicht stenografieren; als ich damals jene authentischen Spiele beobachtete (vor etwa zehn Jahren), besaß ich keinen Recorder, ich konnte lediglich Notizen in einem Heft machen. Über diese Notizen hätte ich mit einem Psychologen diskutieren sollen, usw. usw. Für die Ziele der vorliegenden Mikrogrammatik der Phantasie müssten jedoch die vorausgegangenen Seiten ausreichen, um zu verdeutlichen, dass die Beiträge und Anregungen der »Achsen«, die wir bei der Analyse der Erzählung »Pierino und die Knetmasse« ermittelten, ebenso konvergieren wie auf der »Achse des Spiels« und in einem freien Text. Die Achse der verbalen Selektion, die Achse der Erfahrung, die Achse des Unbewussten (das kurze und schreckliche Spiel mit der Pistole …), die Achse, die in das Spiel Werte einführt (»die Ordnung«, als Giorgio die Holzstücke auf den Holzstoß zurücklegt).

Um ein Spiel vollständig zu erklären, müsste man rekonstruieren können, wie Schritt für Schritt die Symbolisierung der Objekte erfolgt, wie die Modifikationen und Veränderungen, das »Hin und Her der Bedeutung« sich vollziehen. Bei dieser Arbeit erweist sich das ohne Zweifel wertvolle psychologische Instrumentarium als unzulänglich. Nicht die Psychologie, sondern – wenn überhaupt – die Linguistik oder die Semiotik werden uns erklären, wie das im Präsens erlebte Werfen des Holzes auf den Holzstoß das Verb im Perfekt nach sich zieht; wie sich bestimmte Analogien zwischen zwei Gegenständen eines Spiels einmal über die Form, ein anderes Mal über die Bedeutung durchsetzen.

Wir haben viele intelligente »Theorien« des Spiels, aber noch keine »Phänomenologie« der Phantasie, die dem Spiel Leben einflößt.

Imagination, Kreativität, Schule

Das Stichwort *Intuition* der *Encyclopaedia Britannica* nennt Kant, Spinoza und Bergson, nicht aber Benedetto Croce. Das ist zwar nicht ganz dasselbe, als wollte man über Relativität sprechen, ohne Einstein zu erwähnen – aber viel fehlt nicht. Armer Don Benedetto. Mich überkam solches Mitleid mit ihm, dass ich diese Entdeckung völlig willkürlich an die Spitze dieses Kapitels stellte. Und ich hoffe, mit dieser einfachen Geste das Recht erworben zu haben, dieses Kapitel so unprätentiös und unsystematisch wie möglich zu gestalten.

Den philosophischen Wörterbüchern und Lexika, die ich in Wohnung und Büro bei der Hand habe, entnehme ich als Erstes, dass die Begriffe »Imagination« und »Phantasie« für lange Zeit ausschließlich der Geschichte der Philosophie zugerechnet wurden. Die noch recht junge Psychologie begann sich erst vor wenigen Jahrzehnten damit zu beschäftigen. Es ist also nicht verwunderlich, dass die *Imagination* in unseren Schulen immer noch wie eine arme Verwandte eindeutig hinter der *Aufmerksamkeit* und dem *Gedächtnis* zurückstehen muss; sofern geduldiges Aufpassen und pedantisches Merken immer noch den Musterschüler kennzeichnen, der letztlich auch der bequemste und gefügigste ist.

Der Sprachschatz der Alten, von Aristoteles bis zu Augustinus, kannte keinen Unterschied zwischen den Begriffen »Imagination« und »Phantasie«, und sie schrieben ihnen auch keine unterschiedlichen Funktionen zu; ebenso wenig kam das Bacon oder Descartes mit seiner ganzen »clarté« in den Sinn. Man muss erst ins 18. Jahrhundert, zu Wolff, gelangen, um auf eine erste Unterscheidung zu stoßen zwischen der Fähigkeit, nicht vorhandene, aber sinnlich erfassbare Dinge wahrzunehmen und der »facultas fingendi«, die darin besteht, »mittels Trennung und Zusammenfügung von Bildern das Bild einer nie zuvor von den Sinnen wahrgenommenen Sache hervorzubringen«. In dieser Hinsicht, das weiß mir mein Abbagnano zu sagen, war Kant damit befasst, eine »reproduktive Imagination« und eine »produktive Imagination« zu katalogisieren, und Fichte verlieh der Wirkung der zweiten einen unverhältnismäßigen Vorzug gegenüber der ersteren.

Doch Hegel ist es, dem wir die endgültige Durchsetzung des Unterschieds zwischen »Imagination« und »Phantasie« verdanken. Beide sind für ihn Bestimmungen des Verstandes: Aber das Denkvermögen als Imagination ist lediglich reproduktiv, als Phantasie jedoch kreativ. Derart säuberlich voneinander getrennt und nach Rangordnung eingestuft, boten sich die beiden Begriffe geradezu an, einen gleichsam artverschiedenen, fast physiologischen Unterschied zu bekräftigen zwischen dem mit schöpferischer Phantasie begabten Dichter (Künstler) und dem gewöhnlichen Menschen, dem gemeinen Handwerker, der lediglich zur Imagination fähig ist, welche ihm zu rein praktischen Zwecken dient, sich nämlich sein Bett vorzustellen, wenn er müde ist, und den Tisch, wenn er Hunger hat. Die Phantasie in der Gruppe A, die Imagination in der Gruppe B …

Es fällt den Philosophen zu, über vollendete Tatsachen zu theoretisieren. Und in diesem Falle ist das die vollendete Tatsache, die Marx und Engels in der *Deutschen Ideologie* entdecken: »Die ausschließliche Beschränkung des künstlerischen Talents auf einige Individuen und dessen Ersticken in der breiten Masse … sind Folgen der Arbeitsteilung …«

Da haben wir sie, die Säule der Gesellschaft. Und zu ihr passt die Theorie eines qualitativen Unterschieds zwischen dem gemeinen Menschen und dem (bürgerlichen) Künstler wie die Faust aufs Auge.

Heutzutage vermögen weder Philosophie noch Psychologie grundlegende Unterschiede zwischen Imagination und Phantasie zu sehen. Beide Begriffe als Synonyme zu verwenden, ist keine Todsünde mehr. Und das ist unter anderem dem Phänomenologen Edmund Husserl und auch Jean-Paul Sartre zu verdanken (in dessen Essay *L'imagination* man die schöne Formulierung findet, die ich nicht müde werde zu wiederholen: »Die Imagination ist ein Akt und keine Sache«).

Wenn überhaupt, dann betrifft der Unterschied die »Phantasie« und die »Phantasterei« (darüber schreibt Elémire Zolla in seiner *Geschichte der Phantasterei*); Erstere baut mit dem Realen und auf dem Realen, die Zweite flüchtet vor dem Realen, so schnell sie kann. Indes: 1. führt Zolla einen erheblichen Teil der modernen und zeitgenössischen Kunst eher auf die Phantasterei als auf die Phantasie zurück und ist deshalb mit Vorsicht zu betrachten; 2. Edward Tauber und Maurice R. Green beweisen in ihrer *Prälogischen Erfahrung*, dass auch die Phantasterei keineswegs wie das Kind mit dem Bade auszuschütten sei, weil sie an Quellen der inneren Erfahrung appelliert, die gemeinhin unzugänglich sind: ein raffinierter Kundschafter, der nützlich sein kann.

Ein gutes Handbuch der Psychologie (ich benutze mit Gewinn das *Handbuch* von Gardner Murphy) kann heutigentags mehr Information über die Imagination vermitteln als die gesamte Geschichte der Philosophie bis zu Benedetto Croce. Nach ihm gab es auch noch einen Bertrand Russell (*Die Analyse des Bewusstseins*) und einen John Dewey (*Wie wir denken*). Gewinnbringend sind *Die Psychologie der Kunst* von Wygotski und von Rudolf Arnheim *Wege zur Psychologie der Kunst*. Um sich jedoch mit der kindlichen Welt genauer vertraut zu machen, sollte man selbstverständlich zumindest Piaget, Wallon und Brunner lesen; bei allem, was einem von diesen drei Autoren in die Hände gelangt, kann man nicht fehlgehen. Und wenn sie zu sehr den Boden unter den Füßen verlieren, schaffe man sich mit Célestin Freinet das Gegengewicht …

Leider nur wenig gibt die Lektüre von Alessandro Manzonis Dialog *Von der Erfindung* her. Der Titel ist vielversprechend, aber innen trägt alles den Stempel von Rosmini, und man sucht vergeblich einen Satz, den zu behalten sich lohnt.

Ein Kleinod dagegen ist L. S. Wygotskis Schrift *Imagination und Kreativität im Kindesalter*, die meines Erachtens trotz ihrer Jahre zwei große Verdienste hat: erstens beschreibt sie die Imagination klar und einfach als Tätigkeit des menschlichen Verstandes; zweitens gesteht sie allen Menschen – und nicht nur einigen Privilegierten (den Künstlern) oder wenigen Auserwählten (ausgewählt durch Tests, die von irgendeiner Foundation finanziert werden) – eine allgemeine Anlage zum Schöpferischen zu, an der gemessen sich alle Unterschiede obendrein als Ergebnis sozialer und kultureller Faktoren erweisen.

Die schöpferische Funktion der Imagination kommt dem gewöhnlichen Menschen, dem Wissenschaftler, dem Techniker zu, sie ist ebenso unentbehrlich für wissenschaftliche Entdeckungen wie für die Entstehung eines Kunstwerkes: ja sie ist sogar notwendige Voraussetzung für das tägliche Leben …

Ansätze zu kreativer Imagination zeigen sich in den Spielen der Tiere, beharrt Wygotski: und mehr noch treten sie im Leben des Kindes zutage. Das Spiel ist keine bloße Erinnerung an empfangene Eindrücke, sondern deren schöpferische Aufarbeitung, ein Prozess, durch den das Kind die Gegebenheiten der Erfahrung miteinander verbindet, um eine neue Realität zu konstruieren, die seiner Neugier und seinen Bedürfnissen entspricht. Aber gerade weil die Imagination nur auf Material aufbaut, das aus der Realität stammt (und deshalb vermag sie es beim Erwachsenen in größerem Ausmaß), ist es erforderlich, dass das Kind in einer an Impulsen und Anregungen aller Art reichen Umgebung aufwächst, um seiner Imagination Nahrung zu geben und ihr angemessene Aufgaben zu stellen, die ihre Strukturen festigen und ihr Gesichtsfeld erweitern.

Die vorliegende »Grammatik der Phantasie« – hier scheint mir der Ort, um es ein für alle Mal klarzustellen – ist weder eine Theorie der kindlichen Imagination (dazu gehörte wahrhaftig mehr ...) oder eine Rezeptsammlung, noch ein Lehrbuch für Geschichten, sondern, wie ich glaube, ein Vorschlag unter vielen anderen, die bestrebt sind, die Umwelt, in der das Kind aufwächst (Elternhaus und Schule gleichermaßen) durch Anregungen zu bereichern.

Der Verstand ist ein Ganzes. Seine Kreativität muss in allen Richtungen kultiviert werden. Die Märchen (vorgelesene oder improvisierte) sind nicht »alles«, was dem Kind nützt. Der freie Gebrauch aller Möglichkeiten der Sprache stellt nur eine Richtung dar, in der das Kind sich entfalten kann. Aber »tout se tient«, wie die Franzosen sagen. Die zum Erfinden von Wörtern angeregte Imagination des Kindes wird ihre Instrumente auf allen Gebieten der Erfahrung nutzbar machen, welche ihr kreatives Eingreifen herausfordern. Die Märchen dienen ebenso der Mathematik, wie diese den Märchen dient. Sie dienen der Poesie, der Musik, der Utopie, dem politischen Engagement, kurzum, dem ganzen Menschen und nicht nur dem Phantasten. Sie sind eben deshalb nützlich, weil sie dem Anschein nach nutzlos sind: wie die Poesie, und die Musik, wie das Theater und der Sport (wenn sie nicht zum Geschäft werden).

Sie dienen dem ganzen Menschen. Wenn eine auf dem Mythos der Produktivität (und auf der Realität des Profits) gegründete Gesellschaft nur halbe Menschen braucht – treue Befehlsempfänger, beflissene Nachäffer, fügsame Werkzeuge ohne Selbstbehauptung – bedeutet das, dass etwas an ihr nicht stimmt und dass sie verändert werden muss. Um sie zu verändern, bedarf es kreativer Menschen, die es verstehen, Gebrauch von ihrer Imagination zu machen.

Kreative Menschen sucht selbstverständlich auch die hiesige Gesellschaft für ihre Zwecke. Treuherzig schreibt Cropley in seinem Buch *Die Kreativität,* dass die Erforschung des divergierenden Denkens in den Rahmen der »maximalen Nutzung aller intellektuellen Ressourcen der Völker« eingeordnet werden muss und von wesentlichem Belang ist, »um die eigenen Positionen in der Welt aufrechtzuerhalten«. Vielen Dank: »Gesucht werden kreative Personen«, um die Welt zu lassen, wie sie ist. Nein, Mr. Cropley: lasst uns im Gegenteil die Kreativität aller entwickeln, damit die Welt sich verändert.

Über diese »Kreativität« gilt es also mehr zu wissen. Nach nützlicher Einsichtnahme in *Die schöpferische Imagination* von T. Ribot findet man eine aufschlussreiche Darlegung des Begriffs in dem bereits zitierten Buch von Marta Fattori *Erziehung und Kreativität,* in welchem neue amerikanische Untersuchungen dargestellt, kommentiert und, wo notwendig, in ihrer Begrenztheit kritisiert werden (die Amerikaner liefern tatsächlich die ersten wirklichen Forschungsarbeiten zu diesem Thema; und man sage nicht, das hänge allein damit zusammen, dass die Amerikaner am reichsten sind: in vielen Dingen sind sie auch viel gewissenhafter und reaktionsschneller. Und sie verstehen ihr Handwerk.).

»Kreativität« ist ein Synonym für »divergierendes Denken«, ein Denken also, das fähig ist, fortwährend Schemata der Erfahrung zu durchbrechen. »Kreativ« ist ein Bewusstsein, das ständig in Bewegung ist, fortwährend Fragen stellt, dort Probleme entdeckt, wo andere zufriedenstellende Antworten finden, das fließende Situationen bevorzugt, in denen andere nur Gefahren wittern, fähig ist zu selbständigen und unabhängigen Urteilen (unabhängig auch vom Vater, vom Lehrer und der Gesellschaft), ein Bewusstsein, das alles Kodifizierte ablehnt und Dinge wie Begriffe zurechtrückt, ohne sich von konformistischen Auffassungen daran hindern zu lassen. Alle diese Eigenschaften offenbaren sich im kreativen Prozess. Und dieser Prozess – hört! hört! – hat spielerischen Charakter: und zwar immer, selbst wenn es sich um »strenge Mathematik« dreht ... (Und hier muss unbedingt daran erinnert werden, dass mein Freund, Professor Vittorio Checcucci von der Universität Pisa, in seinem Band *Kreativität und Mathematik* genau dasselbe sagt; er sagt und beweist es mit herrlichen Experimenten zu mathematischen Spielen an elektronischen Rechnern.)

Auch Marta Fattori sagt letzten Endes, dass alle »kreativ« sein können, vorausgesetzt, dass sie nicht in einer repressiven Gesellschaft, einer repressiven Familie, einer repressiven Schule leben ... Eine Erziehung zur »Kreativität« ist möglich.

Zu dieser Schlussfolgerung gelangen die Lehrer des Movimento di Cooperazione Educativa (Bewegung der Kooperativen Erziehung) in einer Veröffentlichung unter dem Titel *Die Kreativität im Ausdruck*, in welcher sie einige ihrer Untersuchungen darstellen, und die, wie mir scheint, unter dem folgenden unausgesprochenen Gesamtmotto verfasst wurde: »Organisieren wir eine Schule, die in allen Kindern die Entstehung und Entfaltung der Qualitäten und Tendenzen fördert, die als Merkmale der ›kreativen‹ Typen herausgestellt worden sind.«

Als besonders wichtige Errungenschaft – und nicht als die Errungenschaft einer Person, sondern einer kampflustigen Bewegung, der fortgeschrittensten im italienischen Schulwesen – sehe ich, dass sie die gesamte Schule meinen und nicht nur bestimmte »Stoffe«, wenn sie von »Kreativität« sprechen.

Ich zitiere:

> In der Vergangenheit war von Kreativität fast immer nur in Bezug auf die sogenannten expressiven Tätigkeiten und das Spiel die Rede, fast im Widerspruch zu anderen Erfahrungen wie mathematisch-wissenschaftlicher Begriffsbildung, Umwelterforschung, historisch-geographischen Forschungen ... Die Tatsache, dass sogar engagierte und unvoreingenommene Menschen die Rolle der Kreativität auf eigentlich zweitrangige Bereiche einengen, ist vielleicht der beste Beweis, dass das menschenfeindliche System, in dem wir leben, als eines seiner Hauptziele die Unterdrückung des kreativen Potentials der Menschheit anstrebt ...

Und weiter:

> ... die mathematische Ausbildung darf nicht auf dem ausgefahrenen Gleis der technischen Perfektion und des Leistungsdenkens erfolgen, sondern muss von der Anerkennung dessen ausgehen, dass begriffliches Denken eine freie und kreative Funktion unseres Verstandes ist ... Sogar hinsichtlich der schulischen Räumlichkeiten wurde festgestellt, dass das grundlegende Merkmal eines schulischen Ortes seine Wandelbarkeit sein sollte, das heißt, der Benutzer muss die Möglichkeit haben, ihm gegenüber nicht mehr die Haltung eines passiven Hinnehmens, sondern die einer aktiven und kreativen Einwirkung auf seine Daseinsweise einzunehmen ...

Ich gehe einen Schritt zurück (es macht sich hin und wieder gut, einen oder zwei Schritte zurückzugehen) und merke an, dass sich hier in dem Gebrauch der Begriffe »kreativ« und »Kreativität« nicht einmal mehr der Widerhall früherer und jüngerer Versuche findet – die zwar löblich, aber einseitig waren –, der erzieherischen Tätigkeit einen anderen Sinn und Charakter zu geben, als die schulischen Einrichtungen gemäß der von ihnen akzeptierten sozialen Rolle hatten.

Schiller – *tanto nomini* – dabei will ich es belassen, hat als Erster von »ästhetischer Erziehung« gesprochen (siehe seine Briefe *Über die ästhetische Erziehung des Menschen*). »... der Mensch spielt nur, wo er in voller Bedeutung des Worts Mensch ist, und er ist nur da ganz Mensch, wo er spielt«, schreibt der große Friedrich. Eine so entschiedene Behauptung führte ihn geradenwegs zur Idee eines »ästhetischen Staates«, dem er die Aufgabe zudachte, »Freiheit zu geben durch Freiheit«. Es war wohl eine irrige Idee, wir aber haben leider den »ethischen Staat« erlebt: er kostete uns Blut und Tränen.

Um ebenso radikale, in gleicher Richtung verlaufende Auffassungen zu finden, muss man einen Sprung von fast zweihundert Jahren machen, bis zu Herbert Read und seinem berühmten Buch *Education through Art* (1943). Seine Hauptthese ist, dass die künstlerische Betätigung, und sie allein, im Kind eine Art allumfassende Erfahrung auslösen und entwickeln kann. Er meint, dass es nicht nötig ist, die Imagination zu opfern, um das logische Denken zu entwickeln: im Gegenteil. Und ohne Zweifel hat seine Arbeit starken Einfluss auf das Gebiet der Deutung und Bewertung von Kinderzeichnungen ausgeübt.

Unrecht hatte er insofern, um als Nachgeborener zu sprechen, als er die Imagination nur in Funktion der Kunst sah. Darin überlegen war ihm damals Dewey, als er schrieb:

> Die eigentliche Funktion der Imagination ist das Erkennen von Realität und Möglichkeiten, die nicht unter den normalen Bedingungen der sinnlichen Wahrnehmung zutage treten können. Ihr Ziel ist, das Vergangene, Abwesende, Dunkle zu erhellen. Nicht nur die Geschichte, die Literatur, die Geographie, die Anfangsgründe der Naturwissenschaften, sondern auch die Geometrie und die Arithmetik enthalten eine Fülle von Themen, bei denen die Imagination mitwirken muss, wenn sie begriffen werden sollen …

Und hier breche ich das Zitat ab, weil es danach nicht mehr so schön ist, und das ist schade.

Kreativität auf Rang eins. Und der Lehrer?

Der Lehrer, lautet die Antwort derer von der »Bewegung der Erzieherischen Kooperation«, verwandelt sich in einen »Animator«. In einen Förderer der Kreativität. Er ist nicht mehr Vermittler mundgerechten Wissens, einen Bissen pro Tag, ein Dompteur von Fohlen und Seehunden. Er ist ein Erwachsener inmitten von Kindern, um das Beste von sich selbst zu entäußern, um auch seine eigenen Anlagen zur Kreativität, Imagination, zum konstruktiven Engagement in einer Reihe von Aktivitäten zu entwickeln, die von nun an als gleichrangig betrachtet werden müssen: im Hervorbringen von Arbeiten der Malerei, Bildhauerei, des Theaters, der Musik, effektiver und moralischer Qualitäten (Werte und Normen des Zusammenlebens), in seiner Erkenntnisfähigkeit (Naturwissenschaft, Linguistik, Soziologie), in konstruktiver Technik, im Spiel; keine dieser Aktivitäten »soll als Unterhaltung oder Zeitvertreib im Vergleich zu den anderen verstanden werden, die als seriöser gelten«.

Keinerlei Hierarchie der Fächer. Im Grunde genommen handelt es sich um ein einziges Fach: um die unter allen Gesichtspunkten in Angriff genommene Realität, beginnend mit der ersten Realität der schulischen Gemeinschaft, dem Zusammensein, der Art und Weise des Zusammenseins und Zusammenarbeitens. In einer solchen Schule ist das Kind nicht mehr »Konsument« von Kultur und von Wertvorstellungen, sondern gleichsam Schöpfer und Erzeuger von Werten und von Kultur.

Das sind keine bloßen Worte: es sind Überlegungen, die sich aus der Praxis des schulischen Lebens ergeben, aus einem politischen und kulturellen Kampf, aus einem jahrelangen Engagement und Erfahrungsschatz. Es sind keine Rezepte: es sind Errungenschaften einer neuen Haltung, einer anderen Rolle. Und man begreift, dass an diesem Punkt zahllose Probleme auf diese Lehrer einstürmen und grundlegende Lösungen verlangen. Aber zwischen einer toten und einer lebendigen Schule liegt eben hier das deutlichste Unterscheidungsmerkmal: die Schule für »Konsumenten« ist tot, und so zu tun, als ob sie weiterlebe, erspart ihr die Verwesung nicht (die augenfällig im Gange ist); eine lebendige und neue Schule kann nur eine Schule für »Schöpfer« sein. Das bedeutet, man ist dort nicht »Schüler« oder »Lehrer«, sondern ein ganzer Mensch. »... das Bestreben nach einer allseitigen Entwicklung des Individuums« – würde Marx sagen (*Das Elend der Philosophie*) – »macht sich fühlbar ...«

»Macht sich fühlbar«, sagte er zwar vor vielen Jahren ... Die Dinge als Vorläufer zu erkennen, kann einem den Ruf eines Träumers einbringen, weil der Zeitablauf der Geschichte nicht mit dem des Individuums identisch ist und weil die Dinge nicht wie Pfirsiche zu festen Jahreszeiten heranreifen. Marx war kein Phantast, er hatte aber eine sehr ausgeprägte Phantasie.

Und ich leugne nicht, dass es auch heute einer starken Dosis Imagination bedarf, um über die Schule, wie sie ist, hinauszusehen, um sich den Einsturz ihrer Mauern als einer »Besserungsanstalt mit Stundenplan« vorzustellen.

Es bedarf aber auch der Imagination, um zu glauben, dass die Welt fortbestehen und menschlicher werden kann. Die Apokalypse ist in Mode gekommen. Die Klassen, die den Untergang ihrer Herrschaft nahen sehen, durchleben diesen Untergang in Gestalt einer universellen Katastrophe, und sie lesen die ökologischen Karten, wie die Astrologen im Jahre 1000 in den Sternen lasen.

Die Alten sind egozentrisch. Das hatte schon Giacomo Leopardi begriffen, der Pessimist mit offenen Augen und wachem Verstand, als er in seinem *Zibaldone* an einem Sonntag des Jahres 1827 einen schon zu seiner Zeit alten Brief abschrieb und kommentierte, der bereits von der Klage erfüllt war, dass »die Jahreszeiten nicht mehr das sind, was sie einst waren«.

Man lese jedoch selbst:

> Es ist indes gewiss, dass die alte Ordnung der Jahreszeiten allmählich durcheinandergerät. Hier in Italien sind allenthalben ein Gerede und Streitigkeiten darüber im Gange, dass es keinen Frühling und Herbst mehr gebe, und in diesem Schwinden von Begrenzungen gewinnt zweifelsohne die Kälte an Boden. Ich habe meinen Vater sagen hören, dass zu seiner Jugendzeit sich in Rom jedermann am Ostermorgen der Auferstehung in sommerliche Gewänder kleidete. ›Wem es jetzo nicht not tut, das Kamisol zu verpfänden, dem anempfehle ich, er

möge sich davor hüten, sich der geringsten Sache zu entledigen, die er im tiefsten Winter trug.‹ Magalotti, *Lettere familiari,* Teil I, Brief 28, *Belmonte, 9. Februar 1683* (vor einhundertvierundvierzig Jahren!). Wenn die Verfechter einer um sich greifenden und anhaltenden Abkühlung der Erdkugel, wie der gute Doktor Paoli (in seinen schönen und überaus gelehrten Untersuchungen über die molekulare Bewegung der festen Körper) für diese ihre Meinung keine anderen Beweise vorzubringen hätten und haben als das Zeugnis unserer Alten, die keinen Deut von dem abweichen, was Magalotti sagt, und denselben vorgeblichen Brauch anführen, welchen sie auf dieselbe Jahreszeit festlegen, so kann man aus diesem Absatz ersehen, dass sie mit diesem Einwurf nicht viel bewirken würden. Der alte laudator temporis acti se puero (Lobredner der kirchlichen Vorzeit) will, weil unzufrieden mit den menschlichen Dingen, dass selbst die natürlichen Dinge in seiner Kindheit und Jugend besser gewesen seien als danach. Der Grund hierfür ist einleuchtend, nämlich so dünkten sie ihn damals, die Kälte machte ihm weniger Verdruss, er spürte sie weit weniger usw. usw. …

Mit ein wenig Übung ist es möglich, auch von Giacomo Leopardi Lektionen in Optimismus zu empfangen.

Notizblätter

Novalis

Novalis, der im ersten Kapitel zitiert wurde, begann 1798, mit sechsundzwanzig Jahren, seine Fragmente zu veröffentlichen. In der ersten Sammlung, die den Titel *Blütenstaub* trug, tauchte dieser Gedanke auf: »Die Kunst, Bücher zu schreiben, ist noch nicht erfunden. Sie ist aber auf dem Punkt, erfunden zu werden. Fragmente dieser Art sind literarische Sämereien. Es mag freilich manches taube Körnchen darunter sein: Indessen; wenn nur einiges aufgeht!« Zu den *Philosophischen und anderen Fragmenten* gehörte die von mir zitierte Erleuchtung über die »Phantastik«, die im Original so lautet: »Hätten wir auch eine Phantastik wie eine Logik, so wäre die Erfindungskunst erfunden.«

Von Novalis' *Fragmenten* gehen Blitze an alle möglichen Adressaten aus. An den Linguisten: »Jeder Mensch hat seine eigene Sprache.« An den Politiker: »Alles Praktische ist ökonomisch.« An den Psychoanalytiker: »Die Krankheiten müssen als körperlicher Wahnsinn, und zwar als fixe Ideen zum Teil angesehen werden.«

Die reinste Stimme der Romantik, der Mystiker des »magischen Idealismus« war imstande, Realitäten und in der Realität Probleme zu erfassen, die seine Zeitgenossen nicht zu sehen vermochten.

In einer guten Auswahl der *Literarischen Fragmente*, herausgegeben von Giuseppina Calzecchi-Onesti, findet sich diese Betrachtung: »Jede Dichtung unterbricht den gewöhnlichen Zustand, die Alltäglichkeit des Lebens – darin dem Traume ähnlich – um uns zu erneuern, in uns beständig den Sinn des Lebens selbst wachzuhalten.« Um diese Betrachtung richtig zu verstehen, muss man sie meines Erachtens neben eine andere stellen (die ich nur in meiner Reclam-Ausgabe finde), die die romantische Dichtung definiert als »Kunst, einen Gegenstand fremd und dennoch vertraut und anziehend zu machen«. Im Klartext gelesen, enthalten die beiden Fragmente vielleicht die Keimzelle für den Begriff der »Verfremdung« des Gegenstandes, den Schklowski und die russischen Formalisten der zwanziger Jahre als wesentlich für das künstlerische Verfahren ansehen.

Die doppelte Artikulation

In den verschiedenen Spielen mit dem Wort »Stein« (siehe Kapitel »Der Stein im Teich«) kann man, bei einem Vergleich beispielsweise mit den *Grundlagen der Linguistik* von Martinet, leicht Übungen zur »ersten Artikulation« der Sprache erkennen (in der jede Einheit einen Sinn und eine phonetische Form hat), sowie Übungen zur »zweiten Artikulation« (in der jedes Wort als eine Folge von Einheiten analysierbar ist, von denen jede zur Unterscheidung von anderen beiträgt: »Stein« zum Beispiel mit den fünf Einheiten S-t-e-i-n).

»Die Originalität des Denkens«, schreibt Martinet, »kann sich nur in einer überraschenden Anordnung der Einheiten (der ersten Artikulation) äußern«: durch Übung wird diese »überraschende Anordnung« zur Kunstfestigkeit entwickelt. Bei angemessener Analyse führt die »zweite Artikulation« zur Wiedererlangung ausgeschiedener Wörter.

Martinet spricht von »phonetischem Druck« und »semantischem Druck«, dem jede Äußerung unterliegt, teils durch die in der gesprochenen Kette benachbarten Einheiten und teils durch diejenigen, die »mit ihr ein System bilden, das heißt, diejenigen, die an eben der Stelle hätten stehen können und verdrängt worden sind, um eben das zu sagen, was man sagen wollte«. Beim Akt der Stimulierung der Imagination erscheint mir der Ablauf eines Vorgangs offenkundig, der im Zusammenhang mit jedweder Äußerung niemals den jeweiligen »Druck« zurückweist, sondern ihn aufbaut und benutzt.

Das Spiel mit dem Wort

Um die Kapitel »Der Stein im Teich«, »Das phantastische Binom«, »Der schöpferische Irrtum« und »Geschichten zum Lachen« zu vertiefen, und überhaupt alle, in denen das Wort den ersten Rang einnimmt, hatte ich mir einiges an »Literatur« zum Zitieren bereitgelegt, ein wenig linguistische (Jakobson, Martinet, De Mauro) und viel hochsemiotische (Umberto Eco). Doch ich will keine Namen nennen. Das würde unweigerlich nur meinen Dilettantismus, Eklektizismus und meine Unklarheiten zutage fördern. Ich bin ein einfacher Leser, kein Spezialist. Wie so viele andere habe ich die Ethnographie und die Ethnologie durch Pavese entdeckt, der für Einaudi eine berühmte Buchreihe mit dieser Thematik ins Leben rief. Die Linguistik habe ich etliche Jahre nach vorzeitigem Verlassen der Universität entdeckt, wo es mir gelang – sicher mit Zutun ebenderselben – ohne einen blassen Schimmer von ihr zu bleiben. Aber zumindest eines habe ich begriffen: wenn man mit Kindern zu tun hat und ihr Tun und Reden verstehen will, reicht die Pädagogik nicht aus, und die Psychologie versagt bei einer Gesamtdarstellung der kindlichen

Äußerungen. Man muss darüber hinausgehen, sich andere Instrumente der Analyse und andere Maßstäbe erarbeiten. Das auch als Autodidakt zu tun, kann niemandem schaden. Im Gegenteil.

Es ist mir nicht unangenehm, die Kargheit meines kulturellen Hinterlandes einzugestehen (was mir demzufolge nicht gestattet, einen »Essay« über die kindliche Imagination zu schreiben, auch wenn es mir freie Hand lässt, auf meine Erfahrungen zurückzugreifen). Und es macht mir auch nichts aus, dass ich darauf verzichten muss, mit einer umfassenden Bibliographie allerlei zu belegen, unter anderem das, was ich gesagt habe und was als Improvisation oder Erfindung aus dem Hut erscheinen könnte. Ich bedaure, unwissend zu sein, aber keineswegs, eine schlechte Figur zu machen. Ich bin davon überzeugt, dass es hin und wieder ganz gut ist, eine schlechte Figur zu machen.

Nach diesem Vorspruch bekenne ich an dieser Stelle, Umberto Eco und seinem Buch *Die Formen des Inhalts*, ganz besonders aber seinen Essays *Die Wege der Sinne* und *Semantik der Metapher* höchst verpflichtet zu sein. Ich habe sie gelesen, mir Notizen gemacht und sie vergessen, aber ich bin sicher, dass einiges von ihrer intellektuellen Brillanz mir sehr zugutegekommen ist.

Des Weiteren stellt der Aufsatz *Entstehung ästhetischer Botschaften in einer paradiesischen Sprache* ein hervorragendes Beispiel für die Tendenz der Epoche dar, die Grenzen zwischen Kunst und Wissenschaft, zwischen Mathematik und Spiel, zwischen Imagination und logischem Denken zu verringern. Man kann ihn wie eine Erzählung lesen. Man kann ihn in ein faszinierendes Spielzeug für Kinder verwandeln. Und Eco wird nicht gekränkt sein, wenn ich seinen Aufsatz den mir befreundeten Grundschullehrern empfehle, denn nachdem sie alle vorhandenen (und keineswegs geringen) Möglichkeiten nach Gebühr ausgelotet haben, sollten sie versuchen, das Spielzeug beispielsweise in eine fünfte Grundschulklasse einzuführen. Silvio Ceccato hat (in *Der unwahrscheinliche Lehrer*) bereits unter Beweis gestellt, dass man keine Angst davor zu haben braucht, mit Kindern über »schwierige« Dinge zu sprechen: weit eher begeht man den Fehler, die Kinder zu unterschätzen, als sie zu überschätzen.

Über das Denken in Paaren

(Vgl. dazu Kapitel »Das phantastische Binom«)

Interessant ist, wie Wallon (in dem genannten Buch *Die Ursprünge des kindlichen Denkens*) im Gespräch mit Kindern auch »durch Assonanz« gebildete Paare entdeckt. So fragt er beispielsweise: Was ist von Dauer? – Die Mauer. Oder: Wieso ist es dunkel in der Nacht? Antwort: Weil der Mond kein Licht anmacht. Und diese Erkenntnisfunktion des Reims liegt dem Vergnügen zugrunde, das die Kinder dabei empfinden und das größer ist als der einfache, nichtssagende Effekt der klanglichen Wiederholung.

In seinem Aufsatz *Über die Semiotik der Kunst* greift Uspenski das Thema auf der Ebene der künstlerischen Kreation auf: »Die phonetische Affinität zwingt den Dichter, semantische Zusammenhänge auch zwischen den Wörtern zu suchen: auf diese Weise erzeugt die Phonetik den Gedanken.«

Die Verfremdung

Zum Begriff der »Verfremdung« siehe Viktor Schklowskis Aufsätze *Die Struktur der Novelle und des Romans* sowie *Die Kunst als Verfahren* in dem Band *Die russischen Formalisten.* Ich zitiere aus beiden:

> »Ziel der Kunst ist es, den Eindruck vom Objekt als Vision und nicht als Wiedererkennen zu vermitteln ...«
> »Das künstlerische Verfahren ist das Verfahren der Verfremdung des Objekts ...«
> »Um aus einem Objekt einen Kunstgegenstand zu machen, ist es notwendig, es aus der Vielzahl der Dinge des Lebens herauszulösen ... das Objekt zu schütteln ... das Objekt aus der Kette gewohnter Assoziationen zu schälen ...«

Die »unterschwellige Wahrnehmung«

Die klangliche Anziehung zwischen »aufgehängt« und »angezündet« (vgl. Kapitel »›Licht‹ und ›Schuhe‹« – *appeso* und *acceso*) mag auf der Ebene des Unbewussten erfolgt sein, auf der Ebene, die Tauber und Green in ihrer *Prälogischen Erfahrung »unterschwellige* Wahrnehmung« nennen. Sie schreiben: »ausgeprägt schöpferische Menschen greifen mit größerer Bereitwilligkeit Material der unterschwelligen Wahrnehmung auf ...« Und sie belegen es am Beispiel des deutschen Chemikers August Kekulé, der eines Nachts von einer Schlange träumte, die sich in den Schwanz biss, und den Traum als Vorahnung seiner Bemühungen deutete, bestimmte strukturelle Probleme der Chemie begrifflich zu fassen: kurzum, er träumte zuerst von der Schlange, die sich in den Schwanz biss, und dann hatte er den Einfall des *Benzolringes*. In Wirklichkeit *erzeugt* die traumhafte Tätigkeit nichts Neues – betonen die Autoren – sondern sie benutzt »unterschwellige Wahrnehmungen« verbaler oder visueller Natur, die eine Fundgrube für die aktive Imagination darstellen.

Phantasie und logisches Denken

Bezüglich der von Kindern erfundenen Geschichten (vgl. die Kapitel »Das Wort ›Tschüs‹«, »›Licht‹ und ›Schuhe‹«, »Pierino und die Knetmasse«) halte ich die Überlegungen von John Dewey in *Wie wir denken* für zutreffend:

> Die von Kindern zusammenfabulierten Geschichten weisen alle Stufen innerer Kohärenz auf: einige sind unzusammenhängend, andere gestaltet. Wo sie zusammenhängend sind, simulieren sie reflektierendes Denken; tatsächlich werden sie gewöhnlich von Kindern mit gutem logischem Denkvermögen entwickelt. Diese phantastischen Konstruktionen gehen häufig einem bedeutend kohärenteren Gedanken voraus und bereiten ihm den Weg.

»Simulieren«, »vorausgehen«, »den Weg bereiten« ... Es ist sicher nicht an den Haaren herbeigezogen, wenn ich daraus folgere, dass wir zuerst lehren müssen, *zu erfinden*, bevor wir *denken* lehren.

Von Dewey stammt eine weitere schöne Überlegung: »Der Gedanke soll dem Neuen, dem Bedenkenswerten, dem Problematischen vorbehalten bleiben. So entstand das Gefühl geistigen Zwanges und der Zeitvergeudung, das

Kinder verspüren, wenn man sie auffordert, über Vertrautes nachzudenken.« Langeweile ist die Feindin des Denkens. Wenn wir die Kinder dagegen auffordern, darüber nachzudenken, »was geschehen würde, wenn Sizilien seine Knöpfe verlöre« (Kap. »Was würde geschehen, wenn …«), wette ich alle meine Knöpfe, dass sie sich nicht langweilen werden.

Das Rätsel als Form des Erkennens
(Vgl. Kapitel »Konstruktion eines Rätsels«)

In seinen *Essays für die linke Hand* – einem höchst anregenden Buch für jedermann und nicht nur für den pädagogisch Interessierten – schreibt Jerome S. Bruner über die »Kunst und Technik des Erfindens«:

> Der englische Philosoph Weldom beschreibt, wie man Probleme auf interessante und originelle Weise löst. Nach seiner Ansicht lösen wir ein Problem oder machen wir eine Entdeckung, wenn wir eine Schwierigkeit in die Form eines Rätsels kleiden, um es in ein Problem umzuwandeln, das lösbar ist und uns so in der gewünschten Richtung weiterbringt. Mit anderen Worten, wir artikulieren die Schwierigkeit in einer Form, mit der wir zu arbeiten verstehen, und damit arbeiten wir! Ein erheblicher Teil der sogenannten Entdeckungen beruht darauf, dass jemand imstande war, verschiedene Arten von Schwierigkeiten in eine Form zu zwingen, mit der man arbeiten kann. Ein kleiner, aber entscheidender Teil der größten Entdeckungen besteht in der Erfindung und Entwicklung von effektiven Modellen, in der Übersetzung eines Problems in ein Rätsel.

> Der wahrhaft geniale Verstand zeichnet sich auf diesem Gebiet aus; aber es ist auch verblüffend, bis zu welchem Grad völlig normale Menschen dank ihrer Bildung imstande sind, interessante Modelle dieser Art zu konstruieren, Modelle, die vor hundert Jahren als höchst originell gegolten hätten …

Dem Rätsel »in allen seinen vielfältigen Formen« widmet Lucio Lombardo Radice in seinem Buch *Die Erziehung des Verstandes* ein brillantes Kapitel. Ganz besonders analysiert er das »Ratespiel«, in welchem ein Mitspieler an einen Gegenstand, an ein Tier, an eine Person usw. »denkt« und der andere mit einer Serie von Fragen den gedachten Gegenstand so lange einkreist, bis er sich zu erkennen gibt.

> Es ist eines der reichsten und nützlichsten Spiele vom Standpunkt des intellektuellen Reifeprozesses und der Aneignung eines kulturellen Erbes. Als Erstes muss man das Kind mit der Methode vertraut machen, der es folgen soll, um zu raten (sich selbst überlassen, weiß es die ersten Male nicht, was es fragen soll). Die beste Methode ist, das Feld der Möglichkeiten nach und nach einzuengen. Mann, Frau, Kind, Tier, Pflanze oder Mineral? War es ein Mann, lebt er noch, hat er wirklich, aber in alten Zeiten gelebt oder ist er eine erfundene Gestalt? Wenn wir ihn persönlich kennen, ist er jung oder alt, verheiratet oder Junggeselle? … Die Methode, über die wir sprechen, ist weit mehr als nur ein Trick, um etwas zu erraten, es ist die wichtigste Methode des Intellekts: die Klassifizierung, die Zusammenfassung von Erfahrungsdaten in Begriffen. Es tauchen sehr interessante Fragen auf, es werden immer subtilere und präzisere Unterscheidungen getroffen. Ein Gegenstand:

von Menschen geschaffen oder ein natürlicher Gegenstand? ... Und so weiter.

Das Wort »Rätsel« taucht kurioserweise in Peter Browns *Augustinus von Hippo* auf, und zwar in dem Kapitel, wo der Autor vom Prediger Augustinus und seiner Art und Weise spricht, die Bibel als eine gewissermaßen verschlüsselte »Botschaft« zu interpretieren:

> Wir sehen, wie Augustinus in seiner Haltung zur Allegorie eine ganze Konzeption von Wissen zusammenfasste. Dennoch waren es möglicherweise weniger subtile Beweggründe, derentwegen seine Hörer die Predigten ihres Bischofs schätzten. In diesem Lichte betrachtet, wird die Bibel in der Tat zu einem gigantischen Rätsel, gewissermaßen eine lange Inschrift in unbekannten Schriftzeichen. Sie besaß die dem Rätsel eigene Verlockung, die ursprünglichste Form des Sieges über das Unbekannte, welche darin besteht, das Vertraute zu entdecken, das sich in fremder Gestalt verbirgt.

Auch der nachfolgende Passus ist interessant:

> Die Afrikaner hatten eine barocke Vorliebe für das Subtile: mit Worten zu spielen, hat sie stets entzückt; sie zeichneten sich durch die Formulierung von raffinierten Akrostichen aus; sie schätzten die *hilaritas* über die Maßen, also jene Emotion, in der sich intellektuelle Erregung und reines ästhetisches Vergnügen, ausgelöst durch eine hübsche geistreiche Bemerkung, mischten. Und eben diese hilaritas hatte Augustinus seinem Auditorium zu bieten ...

Hingewiesen sei außerdem auf *Die Mathematik des einfachen Mannes bei Entscheidungsproblemen* von Vittorio Checcucci, worin er die von ihm und seinen Studenten des Didaktischen Seminars am Mathematischen Institut der Universität Pisa in Zusammenarbeit mit einer Mittelschule und einem Institut für Seefahrtskunde in Livorno angestellten Untersuchungen darlegt. Das »Ausgangsmaterial« der Untersuchung bestand aus einigen Rätseln und volkstümlichen Denkaufgaben vom Typ: »Wie lassen sich sowohl die Ziege als auch die Kohlköpfe retten?«

Der Effekt der Amplifikation

Der Übergang vom Originalmärchen zum »durchgepausten Märchen« erfolgt hauptsächlich durch einen Effekt der »Amplifikation«, wie er etwa in dem gleichnamigen Aufsatz von A. K. Zolkowski beschrieben wird (auf Italienisch im Band *Die Zeichensysteme und der sowjetische Strukturalismus*): »... Ein zunächst völlig unerhebliches und unbedeutendes Element erhält plötzlich in einem besonderen Zusammenhang ein entscheidendes Gewicht. Das wird durch den polyedrischen und sozusagen asymmetrischen Charakter der Dinge möglich: was in einem bestimmten Sinne bedeutungslos ist, bereitet unter bestimmten Bedingungen etwas anderem den Weg, das in einem anderen Sinne schwierig und wichtig ist ...« In der Physik und in der Kybernetik ist dieser Effekt als »Amplifikation« bekannt. »Im Prozess der Amplifikation setzt eine geringe Menge Energie, die als Signal wirkt, große Massen vorrätiger Energie in Bewegung, die sich freisetzt und beachtliche Wirkungen erzielt.« Nach Zolkowski kann die »Amplifikation« als eine »Struktur« jeder künstlerischen oder wissenschaftlichen Entdeckung betrachtet werden.

Ein sekundäres Element des Originalmärchens setzt die Energie der neuen Geschichte frei, indem sie als »Amplifikator« wirkt.

Theater für Kinder

Über die Entwicklung eines »Theaters für Kinder« – d. h. einer kindlichen Theaterproduktion innerhalb und außerhalb der Schule – vgl. außer dem Buch von Franco Passatore und seinen Freunden (vgl. das Kapitel oben) auch die Titel: *Theaterarbeit in der Schule, Theatertechniken in der Pädagogik von Freinet* von Fiorenzo Alfieri, *Wir spielen Theater* von Giuliano Parenti; *Ein Dorf – Erfahrungen mit kindlichem Theaterspiel* von Sergio Liberovici und Remo Rostagno; *Theater für Kinder*, herausgegeben von Giuseppe Bartolucci.

Die Leute vom Fach könnten versuchen, aus der Reihe der Bücher, die sich dem Kind in dessen Eigenschaft als »Produzenten« und seinen Erfahrungen und Techniken widmen, das Buch von Giuliano Parenti auszuklammern, das wohl eine »Einführung in die Theaterpraxis« darstellt, aber das Kind als Schöpfer seiner Texte nur in geringem Maße berücksichtigt: Theater, von Kindern »gemacht«, aber kein eigentliches »Kindertheater«. Der Artikel von Fiorenzo Alfieri hingegen vertritt das andere Extrem: in ihm sehen wir, wie die Kinder Szenarien improvisieren, wie sie mit minimalen technischen Mitteln umgehen, aus dem Stegreif spielen und dabei die Zuschauer einbeziehen, alles im Zeichen einer wundervollen »Einmaligkeit«: das Theater als »vitales Moment«, nicht als »nacherlebte« Szene.

Ich persönlich halte das Moment »Theater–Spiel–Leben« für überaus wichtig, und nicht weniger wichtig ist die von Parenti eingebrachte Idee einer »Grammatik des Theaters«, die den Horizont des kindlichen Schöpfertums erweitern kann. Damit sich das Spiel nach den ersten Improvisationen nicht erschöpft, muss es bereichert werden. Die Freiheit bedarf der Unterstützung durch die »Technik« in einem schwierigen, aber unentbehrlichen Gleichgewicht. Das sagte auch Schiller.

Ich füge hinzu, dass ich es schön fände, wenn es auch ein »Theater *für* die Kinder« gäbe, um andere, nicht weniger authentische kulturelle Bedürfnisse zu befriedigen. »Kindertheater« und »Theater für Kinder« sind zwei verschiedene Dinge, aber gleichermaßen wichtig, wenn beide so beschaffen sind, dass sie sich wirklich in den Dienst der Kinder stellen und zu stellen wissen.

Phantastische Warenkunde

Eine bescheidene, kleine Abhandlung über »phantastische Warenkunde« (vgl. Kapitel »Das Glasmännlein«) ist in meinem Buch *Die Reisen des Giovanni Perdigiorno* (Hans Tagedieb) enthalten, dessen Held nacheinander aufsucht: die Menschen aus Zucker, den Planeten aus Schokolade, die Menschen aus Seife, aus Eis, aus Gummi, die Wolkenmenschen, den melancholischen Planeten, den Kinderplaneten, die »Superlativ-Menschen« (die stärksten, die dicksten, die ärmsten usw.), die Papiermenschen (linierte und kleinkarierte), die Menschen aus Tabak, das Land ohne Schlaf (wo anstelle eines Wiegenliedes der Weckruf gesungen wird), die Windmenschen, das Land des »Jein« (wo niemand ja oder nein sagen kann), das Land ohne Fehler (das es noch nicht gibt, eines Tages aber vielleicht geben wird). Ich erwähne das Buch hier nicht nur deshalb, weil ich Eigenwerbung betreiben möchte, sondern weil manche Kinder, nachdem sie das Buch angeschaut und die ersten Seiten gelesen hatten, nicht einmal den Schluss abwarteten, sondern sofort darangingen, selbst Länder und Menschen aus den seltsamsten Stoffen zu erfinden, vom Alabaster bis zur Watte, aber auch aus Elektroenergie. Nachdem sie sich der Idee und des Vorhabens bemächtigt hatten, gingen sie damit nach eigenem Ermessen um, wie sonst mit ihrem Spielzeug. Bei Kindern eine Lust zum Spielen zu erzeugen, halte ich für einen prächtigen Erfolg eines Buches.

Der Plüschbär

(Vgl. Kapitel »Das Spielzeug als handelnde Person«)

Für die Existenz von Bären aus Fell oder Plüsch, von Gummihündchen, hölzernen Pferden und anderen Tieren der Welt der Spielzeuge gibt es überzeugende Erklärungen. Jedes einzelne erfüllt eine emotionale Funktion, die bereits ausführlich dargelegt worden ist. Das Kind, das seinen Bären aus Plüsch oder Fell mit ins Bett nimmt, hat das Recht, nicht zu wissen, weshalb es das tut. Wir wissen es mehr oder weniger. Das Kind empfängt jene Wärme und jenen Schutz, den Vater und Mutter ihm in diesem Augenblick nicht mehr durch ihre körperliche Nähe gewährleisten. Das Schaukelpferd wird sicher etwas mit der Faszination des Reitens zu tun haben, und ganz unterschwellig, zumindest in früheren Zeiten, mit der Erziehung zum Soldatenleben. Um aber die Beziehung des Kindes zum Spielzeug hier erschöpfend zu erklären, muss man viel weiter zurückgehen. In jene fernen Zeiten, als die ersten Tiere vom Menschen domestiziert wurden und am Zufluchtsort der Familie oder der Sippe die ersten Jungtiere auftauchten, die sich trefflich dazu eigneten, mit den Kindern aufzuwachsen. Weiter zurück noch in die Tiefen des Totemismus, als nicht nur das Kind, sondern als der ganze Stamm der Jäger ein Tier zu seinem Beschützer und Wohltäter erhob, zum Stammvater erklärte und seinen Namen annahm.

Die erste Beziehung zu den Tieren war magischer Natur. Dass das Kind während seiner Entwicklung diese Phase durchleben kann, ist eine Theorie, die schon vor Zeiten ihren Reiz hatte, ohne gänzlich zu überzeugen. Aber das Plüschbärchen hat dennoch etwas von einem Toten, der Bereich, in dem es lebt, hat sogar die Umrisse der Mythen, die nicht willkürliche Schöpfungen der Phantasie sind, sondern Formen der Annäherung an die Realität.

Wenn das Kind groß wird, vergisst es seinen Teddybären. Aber nicht ganz und gar. Das geduldige Tier wird sich weiterhin in seinem Innern an ihn kuscheln wie in einem warmen Bett und eines schönen Tages unverhofft hervorspringen, unkenntlich für einen oberflächlichen Blick …

Zu unserer Überraschung sehen wir es in einer Passage des Buches *Der Mensch als Schöpfer seiner selbst* von V. Gordon Childe auftauchen. Auf Seite 64 schreibt der Autor in einem anderen Zusammenhang:

> Ein gewisser Abstraktionsgrad kennzeichnet freilich jede Sprache. Aber nachdem man so die Idee des Bären von seiner konkreten und realen Umgebung abstrahiert und vieler besonderer Attribute entkleidet hat, kann man die Vorstellung an sich mit anderen ebenso abstrakten Ideen verbinden und sie mit Attributen verse-

> hen, selbst wenn man nie einem Bären unter solchen Bedingungen und mit diesen Attributen begegnet ist. So ist es zum Beispiel möglich, von einem redebegabten Bären zu sprechen, oder zu beschreiben, wie der Bär ein Musikinstrument spielt. Man kann mit Worten spielen, und dieses Spiel kann zur Herausbildung der Mythologie und der Magie beitragen, während es auch zur Neuschöpfung zu führen vermag, das Gesagte und Gedachte wirklich realisiert und erprobt werden kann. Das Märchen von geflügelten Menschen ging der Erfindung eines praktisch realisierbaren Flugapparates lange voraus …

Das ist eine schöne Passage, die über die Bedeutung des Spielens mit Worten viel mehr sagt, als es den Anschein hat. Und der Bär passt wunderbar hinein. Aber ist nicht der prähistorische Mensch, der seinem Bären die Fähigkeit der Sprache verleiht, und das Kind, die sie ihm beim Spielen zuweist, das gleiche menschliche Wesen? Man kann unbekümmert wetten, dass Gordon Childe als Kind mit einem Plüschbären gespielt hat und dass diese versunkene Erinnerung ihn bewog, jenen Absatz zu schreiben.

Ein Verb zum Spielen

(Vgl. Kapitel »Das Spielzeug als handelnde Person«)

»Die Kinder kennen eine Vergangenheitsform mehr als die Grammatik«, schrieb ich am 28. Januar 1961 in einem von *Paese Sera* veröffentlichten Artikel, der dem Perfekt gewidmet war, das die Kinder verwenden, »wenn sie eine erfundene Gestalt verkörpern, wenn sie ins Märchen eintreten, genau auf der Schwelle, wo die letzten Vorbereitungen zum

Spiel getroffen werden«. Dieses Perfekt, legitimes Kind des »Es war einmal ...«, mit dem die Märchen beginnen, ist eigentlich ein besonderes Präsens, ein erfundenes Tempus, eben ein Verb zum Spielen, für die Grammatik ein Präsens der Vergangenheit. Die Wörterbücher und Grammatiken scheinen diesen besonderen Gebrauch des Perfekts jedoch zu ignorieren. In seinem nützlichen *Dizionario grammaticale* vermerkt Ceppellini wohl fünf Anwendungsarten des Imperfekts, und das fünfte definiert er als »das klassische Tempus in den Beschreibungen und den Märchen«, aber er übergeht die Spiele der Kinder. Panzini und Vicinelli (vgl. *Das Wort und das Leben*) sind ganz nahe daran, die entscheidende Entdeckung zu machen, wenn sie sagen, dass das Imperfekt »die suggestiven Momente der poetischen Heraufbeschwörungen und Erinnerungen umschreibt«, und noch mehr, wenn sie daran erinnern, dass fabula – favola – Fabel sich vom lateinischen *fari*, sprechen, ableitet: fabula, »die gesprochene Sache« ... Aber es gelingt ihnen nicht, ein »Imperfekt des Märchens« zu klassifizieren.

Giacomo Leopardi, der für die Verben ein wirklich fabelhaftes Ohr hatte, gelingt es, bei Petrarca ein Imperfekt in der Bedeutung eines Konditional der Vergangenheit herauszufinden: *Ch'ogni altra sua voglia / era a me morte, e a lei infamia rea* (Dass jedes andere Verlangen von ihr für mich war Tod und für sie schändliche Ehrlosigkeit, d. h. war – wäre gewesen); jedoch sieht man, dass er auf die Verben der Kinder nicht achtgab, wenn er sie spielen und springen sah »im Rudel auf dem kleinen Platz« und sich, der Gute, an ihrem »fröhlichen Lärmen« erfreute. Und sich vorzustellen, dass sich vielleicht in das »fröhliche Lärmen« auch die Stimme eines Knaben mischte, der ein gehässiges Spiel vorschlug: »Ich bin der Bucklige gewesen, der bucklige junge Graf ...«

In seiner *Grammatica rivoluzionaria* nimmt Toddi sich in einem glücklichen Bild beinahe unseres Falles an: »Das Imperfekt wird häufig als szenischer Hintergrund benutzt, vor dem der Rest des Geschehens abläuft ...« Wenn das Kind »ich bin gewesen« sagt, verschiebt es den Hintergrund nach vorn, wechselt die Szene. Aber die Grammatiken nehmen das Kind nicht gewahr, außer um ihm Schwierigkeiten in der Schule zu bereiten.

Geschichten der Mathematik

Neben einer »Mathematik der Geschichten« (vgl. das entsprechende Kapitel) gibt es auch »Geschichten der Mathematik«. Wer die Rubrik *Mathematische Spiele* von Martin Gardner in der Zeitschrift *Scienze* (italienische Ausgabe des *Scientific American*) verfolgt, hat schon verstanden was ich meine. Die »Spiele«, die die Mathematiker erfinden, um ihre Gefilde zu erkunden oder neue zu entdecken, nehmen oft den Charakter von »fictions« an, die nur einen Schritt von der narrativen Erfindung entfernt sind. Da ist zum Beispiel das Spiel »Leben«, erfunden von John Norton Conway, einem Mathematiker aus Cambridge (*Scienze*, Mai 1971). Es besteht darin, auf dem Computer die Entstehung, die Wandlung und den Niedergang einer Sozietät lebender Organismen zu simulieren. In diesem Spiel neigen die ursprünglich asymmetrischen Konfigurationen dazu, symmetrisch zu werden. Professor Conway nennt sie »Bienenstock«, »Ampel«, »Teich«, »Schlange«, »Fähre«, »Boot«, »Segelflugzeug«, »Uhr«, »Kröte« usw. Er versichert, dass sie »ein wunderbares Schauspiel bieten, das man auf dem Computerschirm beobachten kann«: ein Schauspiel, in dem letztendlich die Imagination sich selbst und ihre eigenen Strukturen betrachtet.

Verteidigung des »Gestiefelten Katers«

Bezüglich des Kindes, das Märchen hört (vgl. das so überschriebene Kapitel) und der möglichen Inhalte, die es *heraushört*, lese man einen Beitrag von Sara Melauri Cerrini über die »Moral« des »Gestiefelten Katers« nach (in *Giornale dei Genitori*, Dezember 1971):

> In den Geschichten für Kinder kommt es häufig vor, dass am Anfang jemand stirbt und seinen Kindern als Erbschaft Habseligkeiten hinterlässt, von denen die bescheidenste einen Zauber in sich birgt. Im Allgemeinen sind die Brüder, die das Erbe antreten, verstritten; der am meisten Begünstigte will alles haben und überlässt die anderen ihrem Schicksal; so ist auch in unserer Geschichte der jüngste der Pechvogel; ihm bleibt nur ein Kater, und er weiß nicht, wie er seinen Hunger stillen soll. Glücklicherweise stellt sich der Kater, der ihn Herr nennt, aus freien Stücken in seinen Dienst und verspricht, ihm zu helfen. Dieser Kater ist in Wirklichkeit ein ganz Ausgekochter, er weiß, dass man vor allem den Schein wahren muss, deshalb kauft er sich für den einzigen Dukaten, den er sich von seinem Herrn geben lässt, ein schönes Gewand, Stiefel und einen Hut; so ausstaffiert, wird er beim König vorstellig, offeriert ihm ein ansehnliches Geschenk und erhält, was er will; da wird bereits den Kleinsten eine Fertigkeit nahegelegt, aus dem Schatten zu treten, sich der Macht zu nähern und sein Glück zu machen: kleidet euch anständig, bedenkt, dass ihr eine wichtige Mission zu erfüllen habt, bringt eurem Bedrücker Geschenke, schüchtert jeden, der sich euch in den Weg stellt, mit herrischem Wesen ein, beruft euch auf eine bedeutende Persönlichkeit, und die Welt wird euch offenstehen …

Und nachdem das ganze Märchen aus dieser Sicht nacherzählt worden ist, die Schlussfolgerung:

> Das ist die Moral des Märchens: mit Verschlagenheit, mit Betrug kann man so mächtig wie der König werden. Da die Familienzusammengehörigkeit, die gegenseitige Hilfe unter Brüdern ausbleibt, muss man sich von jemand helfen lassen, der das System begriffen hat, das heißt von einem Politiker wie dem Kater, um ein stupider großer Kindskopf zu werden, wie es der Mächtige zumeist ist.

Als ich diese Lesart des alten Märchens kommentierte, ließ ich ihre Berechtigung unangefochten, mahnte jedoch zur Behutsamkeit. Mit der »Entmystifizierung« ist man schnell bei der Hand, kann jedoch übers Ziel hinausschießen. Es stimmt, dass im *Gestiefelten Kater* der Schauplatz und die Sitten mittelalterlich sind, dass sich darin das Thema der Verschlagenheit als einer Angriffs- und Verteidigungswaffe des Schwachen gegenüber dem anmaßenden Machthaber widerspiegelt, dass dieses Thema Bestandteil einer Untertanenideologie und Ausdruck der Lebensweise von Leibeigenen ist, die wohl der Verschwiegenheit fähig sind (alle beteiligen sich daran, den König hinters Licht zu führen), aber nicht wirklicher Solidarität; der Kater als solcher aber, das ist eine andere Sache …

> Man kann nicht umhin, hieß es in meiner Verteidigung des *Gestiefelten Katers,* daran zu erinnern, was Propp in seinem Aufsatz *Historische Wurzeln der Feenmärchen* zum Thema »Zaubergehilfen« und »Zaubergaben«, die zu den zentralen Themen des Volksmärchens gehören, schrieb. Nach Propp (und anderen) ist das

Tier, das in den Märchen als Wohltäter des Menschen auftritt oder ihm bei schwierigen Unternehmungen hilft bzw. ihm eine außergewöhnliche Belohnung dafür gewährt, dass er es bei der Jagd verschonte, das von den Jägerstämmen der Urgesellschaft wie in einem religiösen Pakt verehrte Totem-Tier, das jetzt aber eine weltliche und rein erzählerische Gestalt angenommen hat. Mit dem Übergang zur Sesshaftigkeit und zum Ackerbau gaben die Menschen den alten totemistischen Glauben auf, bewahrten sich jedoch eine besondere, intensive Vorstellung von der Freundschaft zwischen Mensch und Tier.

Bei den alten Initiationsriten wurde den Jünglingen des Stammes ein Schutztier, ein »Schutzgeist« zugewiesen. Nach Verfall dieser Riten blieb die Erzählung darüber erhalten: das Schutztier verwandelte sich nach und nach in den »Zaubergehilfen« der Märchen; es lebte in der Phantasie des Volkes fort und gewann im Laufe der Zeit allmählich andersartige Merkmale hinzu, sodass es in den verschiedenen Verkleidungen, die es anlegen musste, oft nur schwer wiederzuerkennen ist.

Es bedarf auch der Imagination, um den Weg zurückzugehen, das Märchen seiner lebhaften Farben zu entkleiden und zu seinem geheimsten Kern vorzudringen: dann können wir den zur Initiation heranreifenden Jüngling im Waisenknaben oder im jüngsten der drei Brüder (in dieser Art Märchen geht es immer um ihn) wiedererkennen, und den Schutzgeist in dem Kater, der es auf sich nimmt, das Glück für seinen Herrn günstig zu stimmen. Und wenn wir an diesem Punkt zum Märchen zurückkehren, kann es sein, dass der Kater auf einmal zwei Gesichter hat: das von Sara Melauri treffend geschilderte des Mentors, der dem Jungen eine korrupte und unmenschliche Welt erschließt; aber auch das Gesicht des Bundesgenossen, der seinem Schützling Gerechtigkeit widerfahren lässt. Auf jeden Fall erscheint uns dieser alte Kater, Erbe von sich im Dunkel verlierenden tausendjährigen Traditionen, Relikt aus Zeiten, die im Schweigen der Urgeschichte verschüttet wurden, weitaus ehrwürdiger als ein durchtriebener Verführer, ein Hochstapler bei Hofe.

Selbstverständlich durchlebt ein Kind, welches das Märchen vom Gestiefelten Kater hört, dieses in seiner Zeit, in der weder Platz für die Geschichte noch für die Prähistorie ist. Aber irgendwie, auf unerklärliche Weise, spürte es vielleicht doch, dass der eigentliche Kern des Märchens nicht die Karriere des falschen Grafen Carabas ist, sondern die Beziehung zwischen dem Jüngling und dem Kater, zwischen der Waise und dem Tier. Das ist vielleicht das nachhaltigste und emotional stärkste Bild. Es verfestigt sich in seiner Gefühlswelt, zu deren Bestandteilen oft ein wirkliches oder ein erdachtes Tier (Spielzeug) gehört und spielt darin eine bedeutsame Rolle, die von der Psychologie bereits dargestellt worden ist …

In der Nummer 3–4, 1972 des *Giornale dei genitori* veröffentlichte Laura Conti eine weitere »Verteidigung des *Gestiefelten Katers*«, die ich hier fast vollständig wiedergebe:

… Ich will erzählen, wie ich vor einem halben Jahrhundert als Kind die Geschichte vom *Gestiefelten Kater* erlebt habe.

Zuallererst war der Kater, wie sein Herrchen und damit wie ich, ein Kleiner in der Welt der Großen; aber seine Stiefel versetzten ihn in die Lage, ganz große Schritte zu machen, das heißt, aus seinem Zustand der Kleinheit herauszutreten und dennoch in ihm zu verbleiben, große Schritte zu machen und doch ein kleiner Kater zu bleiben. Auch ich wollte *klein bleiben*, aber Dinge wie die Großen unternehmen, sie sogar auf ihrem eigenen Felde schlagen, in der Größe (der Länge der Schritte) ... Die Beziehung klein–groß durchbrach ihre eigentliche Bedeutung, ihre Dimensionen, um sich figürlich darzustellen. Der Kater ist nicht nur klein, er wird auch unterschätzt, als unnütz betrachtet; seine Anwesenheit im Hause wurde meiner kindlichen Launenhaftigkeit zugeschrieben. Deshalb gefiel es mir sehr, dass das nutzlose kleine Tier zu einem mächtigen Verbündeten wurde. Was der Kater anstellte, interessierte mich so wenig, dass ich es völlig vergessen hatte; es bedurfte des *Giornale dei Genitori*, um mich an seine diplomatische Verschlagenheit zu erinnern, und ich gebe zu, dass es sich um eine vulgäre Diplomatie handelt. Aber für mich war nicht wichtig, was der Kater tat, sondern was er erreichte; mir ging es darum, dass man *Sieger* werden konnte, indem man auf den *Verlierer* setzte, wenn es mir gestattet ist, mit den Worten eines Erwachsenen eine kindliche Empfindung wiederzugeben (denn der Junge, der den Kater erbte, wurde zu Beginn wegen der armseligen Erbschaft bemitleidet). Mich faszinierte also die doppelte Umkehrung, von klein zu groß und vom Verlierer zum Sieger. Nicht der Sieg an sich, sondern der *unwahrscheinliche* Sieg, war für mich von Belang.

Die doppelte Natur des Katers (klein–groß, Verlierer–Sieger) befriedigte nicht nur den paradoxen Wunsch, groß zu sein, obwohl ich klein war, sondern auch den anderen paradoxen Wunsch, eine Kreatur siegen zu sehen, die weiterhin ein kleines, schwaches, weiches Katerchen blieb. Ich verabscheute die Starken in den märchenhaften Kämpfen zwischen Starken und Schwachen und ergriff Partei für die Schwachen; wenn aber die Schwachen siegen, besteht die Gefahr, dass sie als stark gelten und man sie also hassen muss. Die Geschichte vom Gestiefelten Kater bewahrte mich vor diesem Risiko, weil der Kater, auch wenn er das Spiel gegen den König gewinnt, weiterhin ein Kater bleibt. Es handelte sich also um eine David-und-Goliath-Situation, aber mit einem David, der weiterhin ein kleiner Hirtenknabe blieb und nie der allmächtige König David wurde. Ich stelle diesen Vergleich keineswegs *im Nachhinein* an; zur gleichen Zeit, als man mir die Geschichte vom Gestiefelten Kater erzählte, wurde mir auch die biblische Geschichte erzählt, und die Tatsache, dass der Hirtenknabe König wurde, gefiel mir keineswegs, mir gefiel nur, dass er mit seiner kleinen Schleuder den Riesen tötete. Im Unterschied zu David besiegte der Kater den König, aber er wurde nicht König, er blieb ein Kater.

Wenn ich also an meine persönliche Erfahrung zurückdenke, kann ich das, was du sagst, vollauf bestätigen: nicht der Inhalt, sondern der Antrieb war das Wesentliche des Märchens. Der Inhalt mochte durchaus konformistisch, reaktionär sein; der Antrieb jedoch war grundverschieden, weil er bewies, dass im Leben nicht die Freundschaft des Königs zählt, sondern die Freundschaft der Katzen, das heißt, der kleinen, unterschätzten und schwachen Kreaturen, die sich gegen die Mächtigen durchzusetzen vermögen.

Expressive Tätigkeit und wissenschaftliche Erfahrung

Als Kommentar zum letzten Kapitel (»Imagination, Kreativität, Schule«) lese man, was die Schule angeht, die nachstehende Passage aus dem Buch *Möglichkeiten des Unterrichtens* des leider verstorbenen Bruno Ciari:

> Auf den ersten Blick könnte man annehmen, dass es keinen Berührungspunkt zwischen expressiver, kreativer Tätigkeit und wissenschaftlicher Erfahrung gibt. Dabei besteht ein sehr enges Verhältnis zwischen beiden. Das Kind, welches Pinsel, Farben, Papier und Zeichenkarton, Kreidestücke usw. handelt, um sich auszudrücken, das ausschneidet, klebt, modelliert usw., entwickelt bei diesem Tun Gewohnheiten der Anschaulichkeit, Dinglichkeit und Exaktheit, die zur Herausbildung einer allgemeinen wissenschaftlichen Haltung beitragen, bei der ohnehin stets ein kreativer Aspekt enthalten ist, der sich in der Fähigkeit des wirklichen Wissenschaftlers offenbart, sich für seine Experimente der einfachsten Mittel aus seiner unmittelbaren Umgebung zu bedienen. Obgleich wir uns alle darin einig sind, dass die wissenschaftliche Ausbildung von den Fakten, den Beobachtungen, den tatsächlichen Erfahrungen des Kindes ausgehen muss, möchte ich hervorheben, dass die wichtigste expressive Tätigkeit, der freie Text, das Kind anspornt, die Wirklichkeit besser zu beobachten, in die Erfahrung einzutauchen …

Die Schüler von Bruno Ciari züchteten Hamster, wendeten im Spiel das Zahlensystem der Maya an, entdeckten das hypothetische Zeitalter, indem sie Experimente mit der

Konservierung von Fleisch in Eis machten, verwandelten das halbe Klassenzimmer in ein Maleratelier: kurzum, sie brachten die Phantasie in alles ein, was sie taten.

Kunst und Wissenschaft

(Vgl. Kapitel »Imagination, Kreativität, Schule«)

Interessant der Band *Wissenschaft und Kunst*, herausgegeben von Ugo Volli, über die strukturelle Ähnlichkeit und Übereinstimmung von ästhetischen und wissenschaftlichen Verfahrensweisen. Die Grundthese lautet, dass »wissenschaftliche und künstlerische Arbeit gemeinsam dadurch charakterisiert sind, dass sie die Realität darstellen, ihr Sinn geben, sie verwandeln, das heißt, Gegenstände und Ereignisse auf soziale Bedeutungen zurückzuführen. Beide sind *Semiotiken des Realen.*« Die verschiedenen, von mehreren Verfassern verfassten Aufsätze bewegen sich an der herkömmlichen Grenze zwischen Kunst und Wissenschaft; sie wollen diese Grenze negieren, sie als nicht gerechtfertigt hinstellen und gemeinsame, immer größer werdende Bereiche entdecken, in denen sich beide mit immer ähnlicheren Arbeitsinstrumenten bewegen. Der Computer beispielsweise dient dem Mathematiker wie dem Künstler, der auf der Suche nach neuen Formen ist. Maler, Architekten und Wissenschaftler arbeiten gemeinsam in Zentren der automatischen Erzeugung von plastischen Formen. Nakes Formel für seine »computergraphics« würde sich hervorragend in einer »Grammatik der Phantasie« ausnehmen, deshalb gebe ich sie hier wieder:

> Gegeben sei ein endliches Programm von R Zeichen, eine endliche Zahl von M Regeln, um diese Zeichen

> untereinander zu kombinieren, und eine endliche Intuition I, die von Fall zu Fall festlegt, welche Zeichen und welche Regeln jeweils unter R und M zu wählen sind. Der aus drei Elementen bestehende Komplex (R, M, I) stellt dann das ästhetische Programm dar.

Wobei I – das sei hervorgehoben – das Eingreifen des Zufalls darstellt. Angemerkt sei auch, dass das Ganze die Form eines phantastischen Binoms hat, in dem R und M die Norm sind, I das schöpferisch Willkürliche. »Auch in der Kunst« – sagte übrigens schon Klee in vorkybernetischer Zeit – »ist Platz genug für die exakte Forschung.«

Eltern, lasst uns gemeinsam ein wenig zweifeln

Hommage für Gianni Rodari

Ein Gedicht für den kranken Ciccio, das Gianni Rodari auf Bitten einer Leserin der Zeitung, an der er als Redakteur arbeitete, schrieb, war sein erstes »Auftragswerk«. Ich hätte diese Verse gerne gelesen, um mehr über die Anfänge des Mannes zu erfahren, der in seinen Geschichten und Gedichten mit den Kindern wie mit Spielgefährten redete und auch die Sprache der in den Ruinen des Colosseums hausenden Katzen zu verstehen schien. Vielleicht hoffte ich, hinter das Geheimnis der liebenswürdigen, heiteren, entspannten Menschlichkeit zu kommen, die dem Bäckerssohn aus Norditalien eigen war, den eine kurze, »missglückte Karriere« als Lehrer mit unüberwindlichem Horror vor schulischer Disziplin erfüllt hatte, sodass er eine zweite Laufbahn als Journalist und Schriftsteller für Kinder einschlug, die in seinem sechzigsten Lebensjahr durch den Tod jäh unterbrochen wurde.

Aber Maria Teresa Rodari, tief niedergedrückt in jenem Frühjahr 1980, wenige Wochen nach dem Verlust ihres Mannes, erinnerte sich nicht mehr an das Gedicht für Ciccio. »Er hat ja so oft etwas geschrieben, wenn er darum gebeten wurde und wenn er glaubte, damit etwas ausrichten zu können«, sagte sie. »Sieh nur selbst.«

Auf seinem Schreibtisch in der römischen Wohnung,

Via della Villa Pamphili, lag, griffbereit noch, ein Manuskript, das eine Lehrerin an Gianni Rodari zur Begutachtung geschickt hatte. In kleinen korrekten Buchstaben waren seine Bemerkungen auf einem angehefteten Zettel niedergeschrieben, kritisch und zum Weitermachen ermutigend.

Dann lag da noch in einer Mappe ein Text in ungelenker, kindlicher Handschrift, geschrieben von einem Mädchen aus einer römischen Vorstadt, in römischem Dialekt, die Geschichte von Rotkäppchen, das in dieser Vorstadt einem Drogensüchtigen begegnet. Das Mädchen, das, angeregt von Rodari, seine eigene Phantasie spielen ließ, würde vergeblich auf eine Antwort warten. Ich glaube, dass Gianni Rodari Antworten gewusst hätte, die ich selbst nicht fand. Aber es war endgültig und unwiderruflich vorbei.

Endgültig? Unwiderruflich? Für Rodari undenkbar! Stapelweise lagen an ihn gerichtete Briefe in seiner Wohnung, die er nur für einen Augenblick verlassen zu haben schien, Bücher von ihm, in vierzig (indessen viel mehr) Sprachen übersetzt, standen in den Regalen.

Verstreut in verschiedenen Archiven, später erst geordnet und an die Öffentlichkeit gebracht, fanden sich im Verlauf dreier Jahrzehnte geschriebene Zeitungsartikel und Aufsätze Rodaris, in denen er aussprach, worauf es ihm vor allem angekommen war: auf der Seite der Kinder zu stehen und die öffentliche Meinung für die selbstkritische Solidarität mit ihnen zu sensibilisieren, statt selbstgefällige Autorität walten zu lassen.

Parallel zu *Zwiebelchen* (1951), zu den *Kopfblumen* (1960), zu den *Gute-Nacht-Geschichten* (1962), zu den *Geschichten zum Spielen* (1971), zum *Vier-Ecken-Spiel* (1980) entwickelte Rodari in verschiedenen Publikationen, vor allem jedoch in dem linksorientierten römischen

Abendblatt *Paese Sera* seine Ansichten über die Beziehungen der Erwachsenen zu Kindern und Jugendlichen, wobei er naturgemäß als Kinderbuchautor das Augenmerk auf das Wort und das poetische Bild lenkte. Der ungewöhnliche, in einer vielgelesenen Zeitung geführte Dialog mit Eltern und Erziehern fand 1962 seinen Höhepunkt in der Veröffentlichung eines *Leitfadens zum Erfinden von Geschichten*. Dieser Leitfaden wollte für die Hausfrau, den Angestellten, die Verkäuferin und andere Leser der Abendzeitung ein Angebot sein, den Umgang mit der Phantasie nicht nur als Privileg einer gebildeten Minderheit zu verstehen.

Rodari klammerte von vornherein den Gedanken einer Trivialisierung der schöpferischen Tätigkeit aus. Es geht nicht darum, dass »alle Künstler werden, sondern dass niemand Sklave sei«, schrieb er später.

Gianni Rodari führte damit den Gedanken Antonio Gramscis fort, dass es eigentlich keine Nicht-Intellektuellen gibt. »Alle Menschen sind Intellektuelle …, aber nicht alle Menschen haben in der Gesellschaft die Funktion von Intellektuellen … Letzten Endes entfaltet jeder Mensch außerhalb seines Berufes irgendeine intellektuelle Tätigkeit; er ist sozusagen ein ›Philosoph‹, ein ›Künstler‹, ein Mensch mit Geschmack, er vertritt eine Weltanschauung, er hat eine bewusste moralische Haltung, er trägt also dazu bei, eine Weltanschauung zu unterstützen oder zu verändern …« (A. Gramsci: *Zu Politik, Geschichte und Kultur*).

Solche Erkenntnisse setzten sich bei Rodari zu dem schriftstellerischen Impetus um, die Kluft zwischen den sogenannten einfachen Leuten und den Gelehrten und Künstlern zu verkleinern.

In der *Grammatik der Phantasie*, dem erweiterten *Leitfaden zum Erfinden von Geschichten*, stellt Rodari seine

Grundsätze in vertiefter Weise dar. Er will die Beziehung des Durchschnittsmenschen zum Schöpferischen demokratisieren, er belebt und veranschaulicht sie durch eine Fülle anregender, origineller Beispiele aus seinen eigenen Erfahrungen mit dem Wort und den Lesern. Diese Einblicke in seine schriftstellerische und publizistische Werkstatt sind geprägt von Freundlichkeit und Heiterkeit, die sich uneingeschränkt dem Menschen und insbesondere dem schutzbedürftigen jungen Menschen zuwendet.

Bis hin zu den Anmerkungen, die Rodari »Notizblätter« nannte, vermied er graue Theorien und erarbeitete dennoch philosophische, soziologische, linguistische Probleme auf überaus profunde Weise. Dies lässt erkennen, dass er die Kunst des Umgangs mit Nichteingeweihten in einem hohen Maße beherrschte. Vergeblich wird man beispielsweise eine Definition des Begriffes Phantasie suchen. Rodari zieht es vor, sich auf einen von ihm bevorzugten Vertreter der deutschen Romantik, Novalis, zu berufen. »Hätten wir auch eine Phantastik wie eine Logik, so wäre die Erfindungskunst erfunden«, zitiert Rodari aus den *Fragmenten*. Die Phantasie als vermittlungsfähigen Stoff begreifen, so interpretiert Rodari diesen Satz des Novalis. Allerdings könne Phantasie nicht wie Mathematik und Physik gelehrt werden, schlussfolgert Gianni Rodari, wenngleich beide mit mehr Phantasie vermittelt werden könnten. »Man kann die Welt aus der Höhe des Menschen, aber auch von oben, von einer Wolke aus betrachten. Die Wirklichkeit kann man durch den Haupteingang betreten, aber auch durch ein Fensterchen in sie hineinschlüpfen« steht in der *Grammatik der Phantasie*. In diesem Passus liegt die Betonung auf einer Idee, die ihr mildes Licht auf den Menschen, den Schriftsteller, den Publizisten Gianni Rodari wirft: Die Welt aus der Höhe des

Menschen betrachten. Damit stellt sich Rodari in die Nachfolge der großen Aufklärer-Erzieher wie Rousseau und Pestalozzi und gesellt sich zu den Weltverbesserern und Utopisten, die nicht ablassen konnten und können, an die erhellende oder gar rettende Kraft des Bündnisses von Vernunft und Phantasie zu glauben. Rodari bekannte sich ausdrücklich zu diesen Träumern, jedoch hatte er sich, dank seines ausgeprägten Sinnes für Realitäten, gangbare Pfade zu seinem Utopia abgesteckt. »Der Sinn für Utopie wird eines Tages als ein dem Sehen, Riechen, Hören usw. gleichberechtigter Sinn anerkannt werden. In Erwartung dieses Tages bleibt es den Märchen vorbehalten, ihn am Leben zu erhalten und sich seiner zu bedienen, um das Universum der Phantasie zu erforschen.«

Die Überflutung der heutigen Welt durch elektronische Produkte, das Fernsehen, die Videos, vermochte keineswegs, Rodari in seiner Zuversicht zu dämpfen. Durch ein Fensterchen in die Wirklichkeit zu schlüpfen, hieß für Rodari, auch die Elektronik, den Comic, den Film als Medium bei der Entdeckung der Realität und in die Auseinandersetzung mit ihr einzubeziehen, also keineswegs vor den »Medien« zu kapitulieren. Hingegen kam der bekannte amerikanische Medienwissenschaftler Neil Postman in seiner Untersuchung über die Auswirkungen der Massenmedien auf die Kinder (*Das Verschwinden der Kindheit*, 1982) zu der niederschmetternden Schlussfolgerung: »Wir haben Kinder, die Antworten bekommen auf Fragen, die sie nie gestellt haben. Kurzum, wir haben keine Kinder mehr.« Durch die Explosion neuer elektronischer Medien in seiner kulturkritischen Auffassung vom Verschwinden der Kindheit bestätigt, dehnte Postman in seiner Schrift *Wir amüsieren uns zu Tode* (1985) diese Erkenntnis nicht nur auf die Welt der Erwachsenen aus, sondern steigerte sie zu folgender These: »Das Fernsehen ist gleichsam zur Hintergrundstrahlung unseres sozialen und intellektuellen Universums geworden …«

Rodari starb bereits vor Erscheinen dieser Bücher. Gewiss waren ihm als Kenner der einschlägigen amerikanischen Literatur ähnlich orientierte Darstellungen bekannt. Er beharrte dennoch, auch angesichts des zunehmend die Öffentlichkeit beherrschenden Medienkonsums in Italien, auf seiner Überzeugung, dass der Hang des Kindes fortbestehe, sich mit Problemen zu messen, die größer als das Kind sind, weil das die einzige Möglichkeit für dieses ist, größer zu werden.

In seinem Zukunftsglauben entwarf Gianni Rodari mit seinen Geschichten und Reimen gewissermaßen erzählerische Modelle für die Aktivierung der Kinder gegenüber dem Ansturm der Medien. Etwa in seinen *Geschichten zum Spielen* – Erzählungen mit offenem Schluss –, die dem Kind das eigenständige Verarbeiten der »Fortsetzungs«-Ästhetik des Fernsehens oder des Comics ermöglichen. Diesen Geschichten liegen, fast wie Alternativ-Angebote zu Postmans beklemmenden Analysen und Visionen, empirische, von ihrer Umwelt und Lebensweise hervorgebrachte Fragen von Kindern zugrunde. Zum Beispiel: Was wäre, wenn der alte, von der Familie vernachlässigte Großvater sich plötzlich in einen Kater verwandelte? Wenn Pinocchio aus der Tatsache, dass seine Nase bei jeder Lüge länger wird, Profit schlüge und Holzhändler würde? Wenn ein Autofänger in Rom die umweltverpestenden Vehikel in Tunnels umleitete? Oder wenn bekannte Märchenfiguren ihre eigenen Wege gingen, wie Rodari es in einem seiner Reime ausmalte: »Manchmal da stehen die Märchen kopf, / da zaust Schneewittchen die Zwerge am Schopf, / und Dornröschen, das wach lag die ganze Zeit, / keift mit dem Prinzen, der sie gefreit, / und das arme Aschenputtel, ei, ei, schmeißt mit Geschirr nach der Polizei.« (Nachdichtung James Krüss)

Unbeirrt von der Macht der Medien folgte Rodari seinen Strategien, deren Ziel es war, den Kindern zu helfen, größer zu werden, d. h. eigenständig, mündig. In seinen publizistischen Schriften, die parallel zu seinen für Kinder geschriebenen Geschichten und Gedichten die Erwachsenen als Dialogpartner ansprachen, nahm er sich oft genug selbst beim Wort, indem er durch »Fensterchen« in Domänen der Erziehung schlüpfte, die mit Tabus und Unumstößlichkeiten gepflastert waren.

Rodaris Wunsch, auch von der Verkäuferin und ihrem Kind »Wie ein Spielgefährte, wie jemand, der ein Feuer entfacht« gelesen zu werden, schloss nicht aus, dass er an etlichen Grundfesten von Erziehungsprinzipien rüttelte. Mit dem Ernst eines von seiner Aufgabe erfüllten oder gar besessenen Anwalts der Kinder ging Rodari in seinen publizistischen Schriften der Verantwortung von Eltern und Erziehern nach, stets jedoch als Mitbetroffener, wodurch er immer die Türen zum Zwiegespräch mit den anderen offen hielt.

»Die Kinder sind nicht unser Eigentum«, schrieb Gianni Rodari 1970 zum Auftakt einer Artikelserie in *Paese Sera,* die er bezeichnenderweise »Dialog mit den Eltern« nannte. Deutlich sind hier auswegweisende, kulturkritische Akzente gesetzt und werden noch deutlicher zu selbstkritischen Forderungen gesteigert: »Den Elternberuf erlernt man nicht ein für alle Mal ... Keine Generation ist der anderen gleich ... Es gibt bestimmte Prinzipien, aber sie dürfen nicht als Dogmen betrachtet werden, sondern müssen sich an den Erfahrungen messen.«

Dieses Thema, der Elternberuf, ließ Rodari nicht mehr los. Er verfolgte es stetig weiter, in pragmatischer Nähe zum Alltag der Erziehung, und aus Quellen philosophischer Grunderfahrungen schöpfend. Diese Quellen treten zutage, wenn Rodari vermerkt, dass der Dialog über die Erziehung mit dem Zweifel beginnen müsse. »Also, lasst uns gemeinsam ein wenig zweifeln«, forderte er die Betroffenen auf, wieder im anscheinend typisch heiter-rodarischen Appell an den *homo ludens*.

»Die Theorien, die von anderen herrühren, nützen uns immer weniger«, schrieb Rodari. »Wir brauchen neues Nachdenken über die Tatsachen, über die Dinge jenseits der traditionellen kulturellen Muster, die von der Wirklichkeit überholt worden sind.« Hier, im cartesianischen Prinzip des Zweifels, offenbart sich eine der obengenannten philosophischen Grunderfahrungen, die auch jene herausfordernde Maxime Galileo Galileis: »Wer will dem menschlichen Geiste Grenzen setzen?« einschloss. Dank seinem Hang und seiner Gabe, die Sprache beim Wort zu nehmen, durchleuchtet Gianni Rodari philosophische Konzepte und deren Vokabular auf ihre »Gebrauchsfähigkeit« für die neuen erzieherischen, aus den Gegebenheiten der zweiten Hälfte des 20. Jahrhunderts resultierenden Anforderungen. Er verschaffte sich besagtes pädagogisch-philosophisches, linguistisch-soziologisches Instrumentarium, um mit glasklarer Entschiedenheit manchem Dogma und Tabu der Erziehung durch Zweifel und Selbstzweifel auf den Leib zu rücken.

In wessen Namen glauben wir zumeist, unsere Kinder zu erziehen? fragt Rodari. Nach welchen Idealen? Meistens im Namen unserer Erfahrung, lautet seine Antwort, die er zu der schlicht artikulierten Erkenntnis steigerte: »Aber die Erfahrung ist nicht zwangsläufig Weisheit.«

Das ist keineswegs als neue, Rodarische Maxime zu verstehen, sondern als ein aus kritischer Erfahrung und

Reflexion gewachsenes Angebot des Kinderbuchautors, Erziehers, Publizisten Gianni Rodari, bei der Erziehung der Kinder und Jugendlichen mit sich selbst und dem Hinterfragen der eigenen Erfahrungen zu beginnen. Diese bieten sich meistens als ein Block »positiver Errungenschaften« dar, schrieb er. Doch bei genauer Betrachtung würden sie sich oft als ein »Block von Irrtümern erweisen, die wir zu vergessen suchen«. Rodaris Ansporn zur Selbstprüfung der Erzieher geht leichtfüßig über die Versuchungen von Eltern und Pädagogen zur Selbstbespiegelung und zu nutzloser Selbstquälerei hinweg, ebenso über die in apokalyptischen Ängsten watenden Kulturkritiker. Als sinnlos apostrophiert er kritiklos hingenommene Erfahrungen für die Erwachsenen und als völlig nutzlos für diejenigen, denen sie von diesen Erwachsenen gepredigt werden, für die Kinder und Jugendlichen.

Die Menschheit schreitet nur vorwärts, weil sie fortwährend ihre Erfahrungen in Frage stellt, schlussfolgert Rodari.

Als Kern der Pädagogik, die Rodari jenseits traditioneller Muster vorschwebte, schälte sich seine Erkenntnis heraus: »Wir können unseren Kindern helfen, ihre Erfahrungen zu vervollkommnen. Aber zuerst müssen wir zutiefst solidarisch mit ihnen sein und zulassen, dass ihre Erfahrungen die unsrigen korrigieren.«

Autorität durch Solidarität ersetzen, den Heranwachsenden Toleranz, Geduld, Ausdauer, Bescheidenheit vermitteln – demokratische Tugenden, die den Jungen weniger zu Gebote stehen als den Alten –, darin sah Rodari die produktivste Möglichkeit, Erfahrungen weiterzuvermitteln, die dem Menschen zur Mündigkeit verhelfen.

Das Buch, die Poesie, die Phantasie nehmen in dem weitgespannten Erziehungskonzept Gianni Rodaris eine

›mobilisierende‹ Rolle ein. Der Sohn »kleiner Leute« aus Norditalien bemüht erneut biographische Erfahrungen, wenn er schreibt: »Man wird nicht mit dem Instinkt fürs Lesen geboren … Es handelt sich um eine Fähigkeit, die erworben und nutzbar gemacht werden muss, damit das Kind mit ihrer Hilfe die Wirklichkeit erobert und damit es größer wird.«

Zu oft stellt sich aber die Schule mit ihren »bürokratischen Anforderungen«, mit ihrer Tendenz, das Lachen der Kinder zu unterdrücken, zwischen die Kinder und das Buch. Die Kinder hören oft mit dem Lesen auf, sobald die ans Lesen gebundenen Zwänge (Zensuren, langweilige Inhaltsangaben) wegfallen.

Träumer und Realist in einem, versuchte Rodari, die immer wieder gestellte Frage zu beantworten, ob Lesen und Phantasie in diesen Zeiten überhaupt von Nutzen seien. Auf der Höhe seines Lebens und Ruhms – er hatte 1970 den Internationalen Hans-Christian-Andersen-Preis bekommen – zog Rodari in seinem publizistischen Beitrag ein weiteres Mal eigene Erfahrungen heran, um darüber Auskunft zu geben. Er sei überzeugt, schrieb er, dass die von verständnisvollen und kundigen Lehrern vermittelten Gedichte ihm und seinen Freunden unter dem Mussolini-Regime geholfen hätten, eine Einstellung zum Leben zu gewinnen, die sie befähigte, sich gegen eine allgegenwärtige grobschlächtige Propaganda zu wehren. Zumindest hätten er und seine Freunde dank der ihnen von verantwortungsbewussten Erziehern in die Hand gegebenen Literatur die Erkenntnis gewonnen, nicht das zu sein, was zu sein man sie in zwingen wollte oder von ihnen erwartete.

Anna Mudry

Literaturverzeichnis

Im Folgenden sind die von Rodari im Text erwähnten Publikationen in italienischer Sprache aufgeführt. Ausgenommen sind Werke literarischer Klassiker.

Alfieri, Fiorenzo: Le tecniche del teatro nella pedagogia Freinet. In: Cooperazione educativa. Nr. 11–12. Florenz 1971.

Arnheim, Rudolf: Verso una psicologia dell'arte. Übers. von Renato Pedio. Turin 1969. [Engl. Orig.-Titel: Towards a Psychology of Art.]

Bartolucci, Guiseppe (Hrsg.): Il teatro dei ragazzi. Mailand 1972.

Brown, Peter: Agostino d'Ippona. Turin 1971. [Engl. Orig.-Titel: Augustine of Hippo.]

Bruner, Jerome S.: Il conoscere. Saggi per la mano sinistra. Übers. von Mario Manno. Rom 1970. [Engl. Orig.-Titel: On Knowing.]

Ceccato, Silvio: Il maestro inverosimile. Sussidario del 2000 prime esperienze. Mailand 1972.

Checcucci, Vittorio: Creatività e matematica. Florenz 1971. (Quaderni di Corea. Ser. 3. 5.)

Childe, Vere Gordon: L'uomo crea se stesso. Turin 1952. [Engl. Orig.-Titel: Man Makes Himself.]

Cropley, Arthur J.: La creatività. Florenz 1976. [Engl. Orig.-Titel: Creativity.]

Dewey, John: Come pensiamo. Übers. von Antonio Cuccione Monroy. Florenz 1969. [Engl. Orig.-Titel: How We Think.]

Dolci, Mariano: I burattini – strumento pedagogico per la scuola. Assessorato alle istituzioni culturali del Comune di Reggio Emilia. 1972.

Eco, Umberto: Le forme del contenuto. Mailand 1972. [Darin die Aufsätze: »I percorsi del senso«; »Semantica della metafora«; »Generazione di messaggi estetici in una lingua edenica«.]

Faeti, Antonio: Guardare le figure. Turin 1972.

Fattori, Marta: Educazione e creatività. Bari 1968.

Klee, Paul: Schriften über Form und Gestaltungslehre. Basel 1956 ff.

Liberovici, Sergio / Rostagno, Remo: Un paese. Esperienze di drammaturgia infantile. Florenz 1972.

Lodi, Mario: C'è speranza se questo accade al VHO. Turin 1972.

– Il paese sbagliato. Diario di un'esperienza didattica. Turin 1976.

Lombardo Radice, Lucio: L'educazione della mente. Rom 1962.

Martinet, André: Elementi di linguistica generale. Übers. von G. C. Lepschy. Bari 1966. [Frz. Orig.-Titel: Elements de linguistique générale.]

Parenti, Giuliano: Facciamo teatro. Turin 1971.

Passatore, Franco [u. a.]: Io ero l'albero (tu il cavallo). Bologna 1972.

Propp, Wladimir: Morfologia della fiaba. Übers. von Salvatore Arcella. Rom 1977. [Russ. Orig.-Titel: Morfologia skazki.]

– La trasformazione delle favole in magia. [Russ. Orig.-Titel: Transformacija volšebnych skazok.] In: I formalisti russi. Teoria della letteratura e metodo critico. Hrsg. von Tsvetan Todorov. Turin 1968.

– Le radici storice dei racconti di fate. Übers. von Clara Coisson. Turin 1949. [Russ. Orig.-Titel: Istoričeskie korni volšebnoj skazki.]

Read, Herbert: Educare con l'arte. Übers. von Giulio Carlo Argan. Mailand 1954. [Engl. Orig.-Titel: Education through Art.]

Ribot, Théodule: Essai sur l'imagination créatrice. Paris 1900.

Russell, Bertrand: L'analisi della mente. Übers. von Bona Della Volpe Longo. Florenz 1967. [Engl. Orig.-Titel: Analysis of Mind.]

Šklovskij, Viktor: La struttura della novella e del romanzo. In: I formalisti russi. Teoria della letteratura e metodo critico. Hrsg. von Tsvetan Todorov. Turin 1968.

– L'arte come procedimento. [Russ. Orig.-Titel: Iskusstvo kak priëm.] In: Ebd.

Stempel, Hans / Ripkens, Martin: Auch Kinder haben Geheimnisse. München 1972.

Tauber, Edward / Green, Maurice R.: Esperienza prelogica. Indagine sul sogno e altri processi creativi. Übers. von Giovannini Ferraris und A. Guglielmi. Mailand 1967. [Engl. Orig.-Titel: Prelogical Experience.]

Thompson, Stith: Le fiabe nella tradizione popolare. Übers. von Quirino Maffi. Mailand 1967. [Engl. Orig.-Titel: The Folktale.]

Uspenskij, Gleb: Sulla semiotica dell'arte. [Russ. Orig.-Titel: Semiotika iskusstva.] In: I sistemi dei segni e lo strutturalismo sovietico. Hrsg. von Remo Faccani und Umberto Eco. Mailand 1969.

Volli, Ugo (Hrsg.): La scienza e l'arte. Mailand 1972.

Wallon, Henri: Le origini del pensiero nel bambino. Übers. von Itala Brusa. Florenz 1970. [Frz. Orig.-Titel: Les origines de la pensée chez l'enfant.]

Vygotskij, Lev: Pensiero e linguaggio. Bologna 1967. [Russ. Orig.-Titel: Myšlenie i reč'.]

– Immaginazione e creatività nell'età infantile. Übers. von Agostino Villa. Rom 1972. [Russ. Orig.-Titel: Voobraženie i tvorčestvo v detskom vozraste.]

– La psicologia dell'arte. Übers. von Agostino Villa. Rom 1973. [Russ. Orig.-Titel: Psichologia iskusstva.]

Žolkovskij, Aleksandr: L'effetto d'amplificazione. [Russ. Orig.-Titel: Ob usilenii.] In: I sistemi dei segni e lo strutturalismo sovietico. Hrsg. von Remo Faccani und Umberto Eco. Mailand 1969.

Zolla, Elémire: Storia del fantasticare. Mailand 1973.

Zum Autor

Gianni Rodari (1920–1980) war ein italienischer Lehrer, Journalist und Autor zahlreicher erfolgreicher Kinderbücher, die sich durch Humor, spielerische Sprache und die vergnügliche Förderung von Phantasie und Gemeinsinn auszeichnen. Viele seiner Bücher wurden zu Klassikern, in mehrere Sprachen übersetzt und mit Preisen ausgezeichnet, u.a. erhielt Rodari den Hans-Christian-Andersen-Preis.

Inhalt